新时代智库出版的领跑者

中社智库 国家智库报告 2022（41）
National Think Tank

经 济

中国城市品牌影响力报告（2021）：
助力构建新发展格局

刘彦平 何春晖 许峰 赵峥 著

CHINA CITY BRAND INFLUENCE REPORT (2021):
FOR BUILDING A NEW DEVELOPMENT PARADIGM

中国社会科学出版社

图书在版编目(CIP)数据

中国城市品牌影响力报告.2021:助力构建新发展格局/刘彦平等著.
—北京:中国社会科学出版社,2022.11
(国家智库报告)
ISBN 978-7-5227-1160-7

Ⅰ.①中… Ⅱ.①刘… Ⅲ.①城市管理—品牌—研究报告—中国—2021 Ⅳ.①F299.23

中国版本图书馆 CIP 数据核字(2022)第 238312 号

出 版 人	赵剑英
项目统筹	王 茵 喻 苗
责任编辑	周 佳
责任校对	王佳玉
责任印制	李寡寡

出 版	中国社会科学出版社
社 址	北京鼓楼西大街甲 158 号
邮 编	100720
网 址	http://www.csspw.cn
发 行 部	010-84083685
门 市 部	010-84029450
经 销	新华书店及其他书店

印刷装订	北京君升印刷有限公司
版 次	2022 年 11 月第 1 版
印 次	2022 年 11 月第 1 次印刷
开 本	787×1092 1/16
印 张	10.25
插 页	2
字 数	145 千字
定 价	59.00 元

凡购买中国社会科学出版社图书,如有质量问题请与本社营销中心联系调换
电话:010-84083683
版权所有　侵权必究

摘要：按照课题组提出的城市品牌影响力指数（City Brand Influence Index，CBII）、省域品牌影响力指数（Provincial Brand Influence Index，PBII）及城市群品牌影响力指数（Urban Agglomeration Brand Influence Index，ABII）概念和指数模型，本书选取中国 288 个样本城市、30 个样本省份及 20 个主要城市群的品牌影响力进行评估与测量。在此基础上，形成 2021 年的中国城市品牌影响力指数年度述评、中国城市文化品牌影响力指数报告、中国城市旅游品牌影响力指数报告、中国城市投资品牌影响力指数报告、中国城市宜居品牌影响力指数报告及中国城市品牌传播影响力指数报告。

除上述指数研究外，本书还对 2021 年中国城市品牌的发展态势进行了回顾和展望，探讨了城市营销和品牌化推动构建新发展格局的作用机制以及面临的问题和挑战。基于数据分析、发展考察、理论聚焦及案例研究，本书从多个角度为中国城市（区域）品牌建设与发展提出对策建议。课题组致力于推进中国城市营销与品牌化研究，并试图为中国城市营销和品牌化实践提供有价值的理论指导与经验借鉴。

关键词：城市品牌影响力；文化品牌；旅游品牌；投资品牌；宜居品牌；品牌传播

Abstract: Based on the concept and index model of the Chinese City Brand Influence Index (CBII), Provincial Brand Influence Index (PBII) and Urban Agglomeration Brand Influence Index (ABII) this study has formulated, we tested and ranked 288 cities, 30 provinces and 20 city groups in China, and created the annual CBII report (2021) as well as seven subject reports, including the city cultural brand influence report, the city tourism brand influence report, the city investment brand influence report, the city livable brand influence report and the city brand communication influence report.

In addition to the above index research, this book also focused on the theme of "Building a New Development Paradigm", reviews and prospects the development trend of China's place branding in 2021, and discusses the mechanism, problems and challenges of city marketing and branding development. Based on data analysis, development investigation, theoretical focus and case studies, the book puts forward countermeasures and suggestions for China's place branding from multiple perspectives. This annual project is committed to promoting the research and practice of strategic city marketing and branding in China.

Key Words: citybrand influence, cultural brand, tourism brand, investment brand, liveable brand, brand communication

目　　录

一　**中国城市品牌影响力指数年度述评** …………………（1）
　　（一）总体特征与趋势 ………………………………（2）
　　（二）国家视野下的城市品牌影响力解析 …………（8）
　　（三）城市品牌与区域品牌的互动效应 ……………（13）
　　（四）中国城市品牌影响力回眸与展望 ……………（25）

二　**构建新发展格局下的城市品牌影响力** ……………（31）
　　（一）关于构建新发展格局的研究综述 ……………（31）
　　（二）概念考察与经验观察框架：基于地区品牌的
　　　　　视角 ……………………………………………（37）
　　（三）地区品牌助力构建新发展格局：进展与
　　　　　挑战 ……………………………………………（40）
　　（四）城市品牌助力构建新发展格局：展望和
　　　　　建议 ……………………………………………（56）

三　**城市文化品牌影响力指数报告（2021）** …………（61）
　　（一）总体发展态势 …………………………………（62）
　　（二）区域发展分析 …………………………………（65）
　　（三）数据聚焦发现 …………………………………（68）
　　（四）中国城市文化品牌发展的实现路径与建议 …（71）

四 城市旅游品牌影响力指数报告（2021） …………（75）
  （一）总体发展态势 ……………………………（76）
  （二）数据聚焦分析 ……………………………（80）
  （三）中国城市旅游品牌发展的问题与挑战 …………（84）
  （四）中国城市旅游品牌优化的对策建议 ……………（85）

五 城市投资品牌影响力指数报告（2021） …………（88）
  （一）总体发展态势 ……………………………（88）
  （二）数据聚焦分析 ……………………………（92）
  （三）中国城市投资品牌发展的问题与挑战 …………（100）
  （四）塑造中国投资品牌的对策建议 …………………（101）

六 城市宜居品牌影响力指数报告（2021） …………（104）
  （一）总体发展态势 ……………………………（104）
  （二）数据聚焦分析 ……………………………（107）
  （三）中国城市宜居品牌发展的问题与挑战 …………（109）
  （四）推进城市宜居品牌发展的建议 …………………（110）

七 城市品牌传播影响力指数报告（2021） …………（113）
  （一）总体发展态势 ……………………………（114）
  （二）数据聚焦发现 ……………………………（120）
  （三）中国城市品牌传播现存问题与挑战 ……………（124）
  （四）中国城市品牌传播的改进建议与对策 …………（128）

附录一 城市品牌影响力指数指标设计与测量方法 ……（131）
  （一）指标体系 …………………………………（131）
  （二）数据来源 …………………………………（134）
  （三）样本选择 …………………………………（134）
  （四）计算方法 …………………………………（135）

附录二 2021 年中国 288 个样本城市的 CBII 得分 ……（138）

参考文献 ……………………………………………（148）

后　记 ……………………………………………（151）

一 中国城市品牌影响力指数年度述评

城市营销与品牌化是提升城市综合影响力、可持续竞争力的有效路径，也是城市治理体系和治理能力现代化的重要领域。中国城市营销与品牌化进程与城市化加速发展的进程同步，在提升城市竞争力、优化城市宜居环境、促进区域协调发展乃至支撑国家形象方面都发挥了积极的作用。近年来，随着新型城镇化战略纵深推进，中国城市的品牌化发展稳步推进。城市进一步摆脱无序开发模式，进入追求高质量发展阶段。2020年，面对新冠肺炎疫情大流行和国内、国际形势新变化，中央提出要"加快构建以国内大循环为主体、国内国际双循环相互促进的新发展格局"的重要战略决策。2021年，党的十九届六中全会又进一步指出要立足新发展阶段，贯彻新发展理念，构建新发展格局，推动高质量发展。在国家重大战略调整的背景下，如何推动城市品牌与区域品牌协同发展，为畅通国内大循环提供更有效的内生动力，以及如何提升城市品牌的国际影响力，通过城市品牌的助力来深化共建"一带一路"合作国家间的文化交流，推动产品和要素"走出去""引进来"，进而助推形成国内国际双循环相互促进的新局面，已成为当前中国城市治理的重要议题。

2009年中国城市营销发展报告课题组出版第一部《中国城市营销发展报告》并推出城市营销发展指数（CMI），迄今已逾十年。从2016年起，鉴于城市品牌建设已逐渐成为城市营销发展的主流，课题组将CMI调整为城市品牌发展指数（CBDI），到2020年已连续发布了5次城市品牌发展指数年度报告，受到相关各界的重视和好评。经过过去十多年的发展，中国城市已进入更加追求城市品牌影响力、更加注重城市品牌建设实际效果的新阶段。为此，在以往研究的基础上，课题组通过优化指标设计，决定从2021年起将指数名称调整为城市品牌影响力指数（City Brand Influence Index，CBII）。指数设计延续"五位一体"城市品牌结构思维，即从城市文化品牌、城市旅游品牌、城市投资品牌、城市宜居品牌和城市品牌传播五个维度来建构指标；同时课题组还调整了与CBII同构的省域品牌影响力指数（PBII）和城市群品牌影响力指数（ABII）架构。其中，CBII设立5个一级指标、20个二级指标和62个三级指标（绝大多数三级指标由多个数据合成），PBII和ABII分别设立5个一级指标、19个二级指标和34个三级指标（绝大多数三级指标由多个数据合成）。通过上述指标体系，本书评估了中国288个样本城市的城市品牌影响力绩效，同时测评了内地30个样本省（自治区、直辖市）及20个主要城市群的区域品牌影响力。本报告旨在勾勒国家新型城镇化背景下中国城市品牌和区域品牌的发展状况，从不同角度揭示各城市、各地区在品牌化进程中的优势与潜力、问题与不足，为中国城市及区域进一步提升品牌建设绩效、助力构建新发展格局提供决策参考。

（一）总体特征与趋势

从2021年中国城市品牌影响力指数100强城市的分布来看，华东地区依然遥遥领先。华东地区获得CBII 100强的42席，其中浙江占据11席，江苏占据10席，山东占据9席，成为中国城市强势品牌的高地；其次是华南地区，占据14席，其中广东占据8席；华北地区有12个城市进入100强，以京津为引领城市，河北占据6席；华中地区的100强品牌城市数量上升到10个；西北、西南和东北地区的100强品牌城市均为个位数。上述100强城市中，南方城市阵容继2020年首超六成后继续扩大，达到62席，北方的100强品牌城市减少2席，仅为38席。

具体来看，2021年中国城市品牌影响力表现出如下发展态势和特征。

1. 城市品牌影响力指数整体小幅回落，开启了多元建设和注重韧性的新时代

受新冠肺炎疫情等因素的影响，中国城市品牌影响力指数整体小幅回落。2021年288个样本城市的城市品牌影响力指数平均得分为0.277，较2020年回落6.21%，这主要是由于城市旅游品牌影响力指数、宜居品牌影响力指数和品牌传播影响力指数都出现不同程度的下降。尽管如此，疫情冲击下的城市仍表现出谋求更全面发展的努力，包括公共卫生、风险防控、城市韧性、绿色发展等在内的社会、环境和民生领域正在成为城市品牌建设的新重点。在复杂多变的国际、国内环境下，2021年的民生质量指标仍微幅上涨0.26%，表明中国城市品牌建设已步入多元建设均衡和注重韧性发展的新时代。

2. 不同层级城市的品牌影响力指数差距缩小，但区域间分化加剧

2021年不同层级城市的品牌影响力指数的差距同比略微缩小，比如前50名城市和后50名城市的均值之差收窄了0.018个百分点，表明持续多年的城市品牌"马太效应"现象有所好转，但区域间的分化仍呈加剧之势。华东、华南地区的领先态势越发巩固，而东北、西北地区的城市品牌影响力成长仍较为乏力。从指数的同比变动来看，2021年有40个城市的品牌影响力指数得分保持正增长,有248个城市的指数得分呈负增长。保持正增长的主要包括中山、汕尾、百色、株洲等华南、华中地区的城市,还包括东北、西北和西南地区的城市,如绥化、乌海、鄂尔多斯、中卫、延安、绵阳等城市的指数得分和排名均实现不同程度的增长。华北和华中地区的部分城市的指数得分和排名大幅下降。

表1-1　部分城市品牌影响力指数正增长且得分大幅增长情况　（单位:%）

	2021年指数	2020年指数	变动
宁德	0.317	0.307	3.44
岳阳	0.303	0.293	3.73
株洲	0.293	0.286	2.57
鄂尔多斯	0.286	0.280	1.95
三明	0.284	0.271	4.60
南平	0.272	0.264	3.12
吉安	0.269	0.264	1.84
六安	0.268	0.260	3.21
永州	0.246	0.243	1.23
百色	0.243	0.226	7.30
普洱	0.234	0.231	1.22
广元	0.232	0.227	1.96
来宾	0.226	0.223	1.37
雅安	0.223	0.220	1.52
白山	0.218	0.212	2.77
四平	0.215	0.205	4.54
周口	0.213	0.212	0.64
巴中	0.201	0.191	4.92
定西	0.186	0.183	2.03
绥化	0.184	0.154	19.33
鹤壁	0.174	0.160	8.53
中卫	0.169	0.157	7.54

资料来源:笔者自制。

表1-2　部分城市品牌影响力指数得分和降幅较大情况　（单位:%）

	2021年指数	2020年指数	变动
呼和浩特	0.306	0.354	-13.40
芜湖	0.302	0.346	-12.50
开封	0.298	0.343	-13.16
安康	0.283	0.331	-14.42
荆州	0.280	0.326	-14.18
张家口	0.275	0.326	-15.76
景德镇	0.260	0.302	-13.62
沧州	0.260	0.301	-13.53
黄冈	0.254	0.296	-14.19
信阳	0.254	0.290	-12.50
安顺	0.245	0.281	-13.04
达州	0.240	0.278	-13.77
淮南	0.232	0.269	-13.67
茂名	0.228	0.263	-13.05
玉溪	0.218	0.251	-12.93
孝感	0.214	0.257	-16.58
宣城	0.214	0.259	-17.38
萍乡	0.208	0.239	-12.90
亳州	0.200	0.242	-17.02
三门峡	0.200	0.230	-13.25
荆门	0.200	0.235	-15.13
牡丹江	0.196	0.232	-15.60
揭阳	0.189	0.231	-18.06
白银	0.179	0.244	-26.33
随州	0.171	0.214	-20.18
本溪	0.168	0.201	-16.81
佳木斯	0.161	0.198	-18.63
贵港	0.156	0.183	-14.49
朔州	0.154	0.184	-16.43

资料来源：笔者自制。

3. 城市品牌影响力出现重大结构性变化

2021年中国城市品牌影响力出现重大结构性变化，文化品牌影响力和投资品牌影响力逆势上扬，旅游品牌影响力受挫，宜居品牌影响力和品牌传播影响力则成为城市品牌影响力建设的短板。

第一，2021年城市文化品牌影响力成长迅猛，指数得分同比大幅增长22.84%。近年来，随着"文化+"战略的落实和推进，特别是有关非物质文化遗产的创新发展在各地蓬勃展开，文化公共服务以及数字文创产业在新冠肺炎疫情冲击下反而获得更多的关注与成长。一度曾为城市品牌五大维度最短板的城市文化品牌影响力，2021年全国指数得分均值超过宜居品牌影响力和品牌传播影响力，居于中间位置。文化是城市品牌的基础和灵魂，文化品牌的成长，表明中国城市品牌的发展已迈出实质性的步伐。

第二，城市旅游品牌仍受困于双重危机。2021年，城市旅游品牌影响力指数得分增幅为-3.96%。伴随文化品牌的强势表现，文化品牌与旅游品牌之间的落差达到指数测评以来的历史最小值，体现出文旅融合的消极环境压力和积极建设努力双重效应。城市旅游品牌在新冠肺炎疫情困扰中创新发展，但产品与服务的迭代升级仍不足，同质化现象还比较严重，未来在借助城市文化品牌的溢出效应和扩展旅游品牌发展动能方面，应该大有空间。

第三，城市投资品牌逆势上扬，首次成为支撑城市品牌影响力的中坚力量。2021年城市投资品牌影响力指数得分均值为0.280，比2020年的0.271增长了3.32%，实现了难得的正增长。这与近年来中国城市大力推进"放管服"等商事制度改革、不断强化创新创业生态系统建设和信用体系建设以及全方位优化营商环境的努力密不可分。同时，不少地方的"双招双引"

政策体系及相应的经验和能力也显著提升，诸如资本化招商、产业链招商等创新经验不断涌现，其中合肥、无锡等城市更是借此成为名副其实的网红城市。

第四，城市宜居品牌影响力指数得分进一步滑落，成为城市品牌均衡的最短板。一方面，人民对美好生活的愿望和需求进一步提升，对城市的宜居建设提出了更高的要求；另一方面，受新冠肺炎疫情和经济波动的负面影响，居民对城市宜居性的主观感受普遍有所下降。近年来，城市宜居品牌影响力指数得分呈逐年下滑态势，由2020年的0.271下降至2021年的0.246，降幅达9.23%，成为城市品牌均衡的最短板。城市发展以人为本，宜居优势是城市优势的核心表征，宜居品牌也一向被视为城市品牌的"皇冠"。未来如何加强宜居品牌建设，已成为提升中国城市品牌影响力的重大挑战。

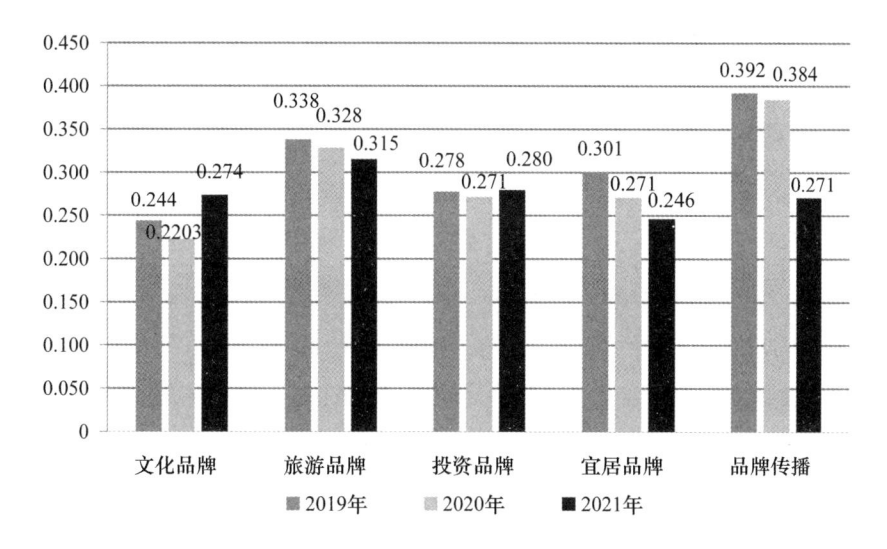

图1-1 2019年、2020年与2021年中国城市品牌影响力指数得分均值
资料来源：笔者自制。

第五，城市品牌传播首次退出城市品牌影响力支柱维度。多年来，城市品牌传播和城市旅游品牌是驱动中国城市品牌发展的"两驾马车"。近年来尤其以品牌传播最为强劲，这与城市

品牌建设的重心长期锁定在传播领域有关，再加上数字技术和新媒体的赋能，城市品牌传播的作用一度排在城市品牌影响力五大维度之首。然而在新冠肺炎疫情影响下，城市的国际交流、国内交流明显减少，主题活动数量与传播议题数量大幅下降，仅短视频等新媒体在线传播仍维持较高的热度。总体来看，城市品牌传播影响力指数得分均值从2020年的0.384滑落到2021年的0.271，降幅高达29.43%，首次缺席城市品牌的支撑维度，得分甚至低于城市文化品牌。疫情是对城市形象传播韧性的一次挑战，表明中国城市在如何丰富传播议题、扩展传播渠道、创新传播内容等方面，还有很大的提升空间。

（二）国家视野下的城市品牌影响力解析

1. "一带一路"节点城市的品牌影响力：品牌韧性强固，"陆丝"节点城市更胜一筹

"一带一路"倡议助力中国扩大开放、促进世界多元文化互通共融，是当前世界经济发展的重要推动力之一。"一带一路"节点城市积极参与"一带一路"建设，助推城市品牌发展。第一，中国"一带一路"节点城市的品牌建设水平引领全国城市。受新冠肺炎疫情冲击，节点城市的品牌影响力指数得分出现回落。相较之下，26个典型节点城市的品牌影响力指数平均得分为0.465，较288个样本城市的CBII得分平均值高0.188，品牌影响力水平较高；2021年指数同比回落4.77%，较后者程度低1.44个百分点，表明城市品牌韧性较强。第二，"一带一路"节点城市的聚集作用尚未完全体现，有待进一步发挥。26个节点城市的投资品牌指数为0.485，下降了4.77%，与全国288个样本城市3.11%的正增长形成反差，表明疫情对投资和经贸活动影响较大，丝路节点城市首当其冲。第三，"陆丝"节点城市受城市文化品牌强劲上扬的加持，品牌影响力略胜一筹（见

图1-2)。第四,"海丝"节点城市的品牌均衡性更好,表明其在旅游、投资、宜居和品牌传播方面的发展更为均衡和成熟。

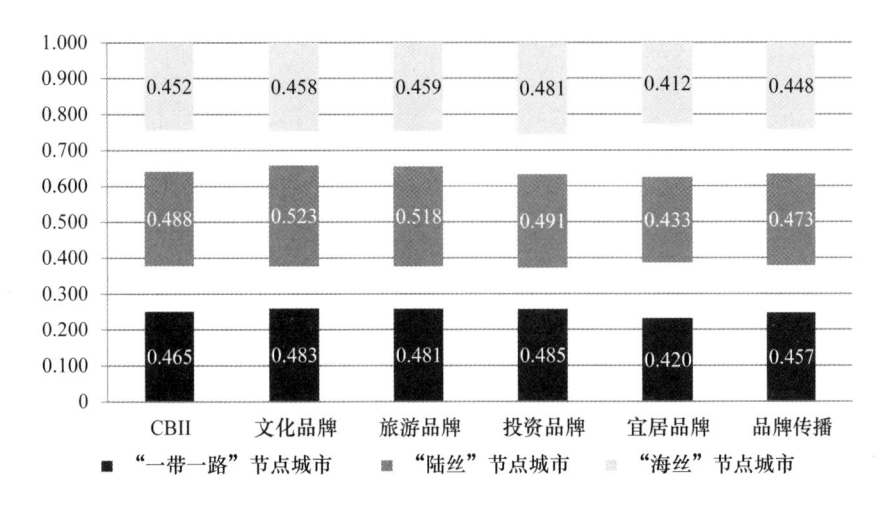

	CBII	文化品牌	旅游品牌	投资品牌	宜居品牌	品牌传播
"一带一路"节点城市	0.465	0.483	0.481	0.485	0.420	0.457
"陆丝"节点城市	0.488	0.523	0.518	0.491	0.433	0.473
"海丝"节点城市	0.452	0.458	0.459	0.481	0.412	0.448

图1-2 2021年"一带一路"节点城市的城市品牌影响力指数得分均值
资料来源:笔者自制。

未来"一带一路"节点城市应更加聚焦自身优势,在与共建"一带一路"合作国家和地区的互通共融中,"陆丝"节点城市应更加注重营商环境品牌的打造,不断提升经济影响力和对外合作能力;"海丝"节点城市则在保持经济优势的同时,着力提升城市文化品牌影响力。同时,丝路节点城市还应该在城市对外传播方面进行更多的探索和创新,讲好城市故事和中国故事,提升城市公共外交水平,在深化国家扩大开放战略的同时有效推动自身经济社会的全面发展。

2. 国家中心城市的品牌影响力:品牌引领全国,带动作用显著

国家中心城市是居于国家战略要津、体现国家意志、肩负国家使命、引领区域发展、参与国际竞争、代表国家形象的现代化大都市。作为全国城镇体系的核心城市,国家中心城市在中国金融、管理、文化和交通等方面都发挥着重要的中心和枢纽作用，也是推动国际经济发展和文化交流的重要门户，具有全国范围的中心性和一定区域的国际性两大基本特征。截至2019年年底，中国共圈定9个国家中心城市，分别为北京、天津、上海、广州、重庆、成都、武汉、郑州和西安。另有7个城市明确提出"建设国家中心城市"规划，包括青岛、厦门、长沙、南京、杭州、济南和沈阳。国家中心城市及其主要功能定位如表1-3所示（附计划建设国家中心城市的功能定位供参考）。

表1-3　　　　　　　　国家中心城市及其功能定位

	国家中心城市	功能定位
北京	第一批	建设国际一流的和谐宜居之都 全国政治中心、文化中心、国际交往中心、科技创新中心
上海	第一批	卓越全球城市 全国经济中心、国际金融中心、国际航运中心、国际贸易中心
广州	第一批	国家历史文化名城、国际商贸中心、综合交通枢纽 综合性门户城市、区域文化教育中心
重庆	第一批	西部开发开放战略支撑、长江经济带西部中心枢纽载体、长江上游地区经济中心、金融中心、商贸物流中心、科技创新中心、航运中心
天津	第一批	环渤海地区经济中心、中国北方经济中心、中国北方国际航运中心、物流中心、港口城市、生态城市
成都	第二批	西部地区重要的经济中心、科技中心、文创中心、对外交往中心、综合交通枢纽、公园城市
武汉	第二批	世界亮点城市 中国中部地区的中心城市、长江经济带核心城市、国家重要的工业基地、科教基地和综合交通枢纽
郑州	第二批	国际枢纽之城 中部地区重要中心城市、国家重要的综合交通枢纽、中原经济区核心城市
西安	第三批	"三中心两高地一枢纽" 西部地区重要的经济中心、对外交往中心、丝路科创中心、丝路文化高地、内陆开放高地、国家综合交通枢纽
青岛	计划建设	国际性、全国性、区域性三类综合交通枢纽

续表

	国家中心城市	功能定位
厦门	计划建设	国际性综合交通枢纽
长沙	计划建设	智能制造中心
南京	计划建设	东部地区重要的中心城市
杭州	计划建设	创新创业中心
济南	计划建设	全国新旧动能转换先行区、海陆双向开发枢纽
沈阳	计划建设	对外开放新前沿

国家中心城市的城市品牌建设在全国范围内发挥着领导和带动的作用，对区域形象乃至国家形象形成重要支撑。首先，国家中心城市及申报城市位居全国城市品牌的领导阵营，排名都在20强之列，城市品牌影响力指数得分均值为0.576，领先全国288个样本城市的均值（0.294），也比"一带一路"节点城市均值高出0.106。9个国家中心城市中，天津较2020年名次提高，回归10强品牌城市，使得中心城市的10强阵容较2020年再添1席，只有西安和郑州未入前10。"预备军"的7个城市，CBII得分均值为0.541，明显低于国家中心城市。但杭州和南京的CBII得分均较高，实力非凡。从城市品牌影响力的角度来看，杭州和南京作为未来国家中心城市的热门候选城市当之无愧。

表1-4　2021年国家中心城市的城市品牌影响力指数得分情况

	北京	上海	广州	重庆	成都	武汉	天津	西安	郑州	均值
CBII	0.855	0.776	0.609	0.606	0.599	0.584	0.563	0.546	0.482	0.624

	杭州	南京	长沙	青岛	厦门	济南	沈阳			均值
CBII	0.631	0.563	0.502	0.496	0.482	0.461	0.464			0.514

资料来源：笔者自制。

3."双创"视角下的城市品牌影响力：短期有所回落，整体有待提高

当前，以"大众创业、万众创新"推进创新驱动转型和高

质量发展的进程进一步深化，打造"双创"生态系统成为提升城市内生增长动力的重要途径。在城市品牌影响力指数体系中，创新创业指标作为城市投资品牌影响力指数的二级指标，旨在测量城市"双创"生态系统的发展水平，具体包括创新投入（R&D人员和R&D内部经费支出），创新绩效（专利申请量、专利授权量、发明专利数量、众创空间纳税额及孵化器纳税额），高校质量（各城市最好大学排名），平台与设施（众创空间数、孵化器数）及创新创业口碑（城市创新创业纸媒及全网数据量）5个三级指标。在新冠肺炎疫情大流行期间，企业的经济活动受到严重冲击，导致企业创新创业进程短期内放缓。2021年CBII测算数据显示，创新创业指标得分为0.306，较2020年回落3.14%。高分段城市数量减少，创新创业指标得分0.5以上的城市仅35个，较2020年减少了5个。低分段城市数量增加，0.3以下的城市有163个，表明大多数城市的创新创业指标得分较低（见图1-3和表1-5）。未来中国城市应加快产业链和供应链重组优化进程，不断夯实城市经济韧性，同时进一步优化营商环境，打造和深耕更加适宜本地的创新创业生态系统。探寻生产链和价值链中的上游盲区，尤其是核心技术、

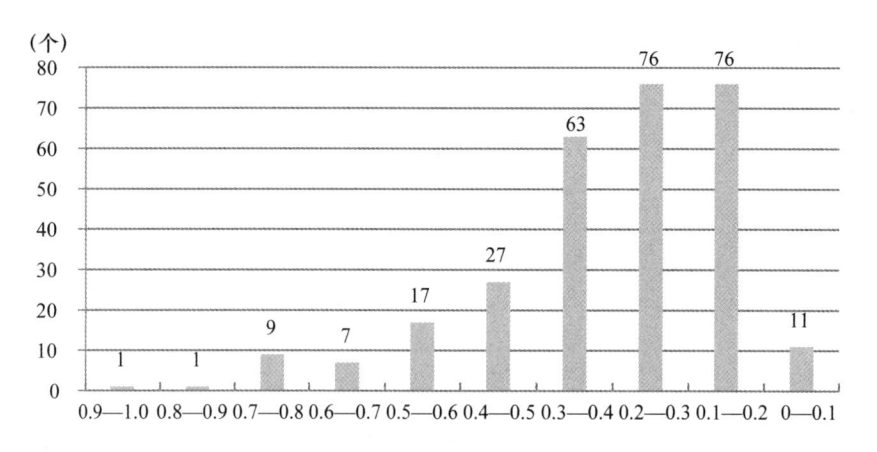

图1-3 创新创业指标各分数段城市数量

资料来源：笔者自制。

关键原材料缺口，结合本地资源优势，把美国"卡脖子"的清单变成创新创业重点清单进行布局。

表1-5　　　　　　　创新创业指标30强城市的得分

	创新创业		创新创业
北京	0.9349	济南	0.6204
深圳	0.8877	郑州	0.6123
上海	0.7988	长沙	0.6072
杭州	0.7908	无锡	0.5824
香港	0.7795	东莞	0.5797
武汉	0.7363	宁波	0.5780
南京	0.7329	合肥	0.5759
苏州	0.7302	沈阳	0.5557
西安	0.7228	长春	0.5541
重庆	0.7090	福州	0.5519
天津	0.7076	太原	0.5517
广州	0.6585	大连	0.5441
成都	0.6580	兰州	0.5306
青岛	0.6516	石家庄	0.5301
厦门	0.6488	保定	0.5249

资料来源：笔者自制。

（三）城市品牌与区域品牌的互动效应

1. 七大区域分化明显

从区域的城市品牌影响力指数平均得分来看，得分从高到低分别是华东地区、华北地区、华南地区、华中地区、西南地区、西北地区和东北地区。此外，七大区域入选城市数量最多的是华东地区，共77个城市入选；随后是华中地区（42个）、华南地区（37个）、东北地区（34个）、华北地区（33个）和西南地区（33个）；最少的是西北地区，共30个城市进入榜单。

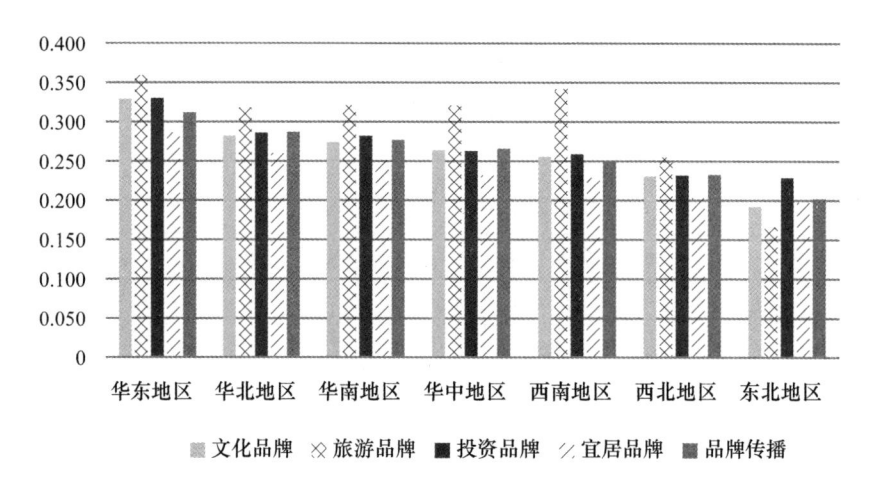

图1-4 七大区域的城市品牌影响力一级指标均值对比

资料来源：笔者自制。

（1）华东地区——城市品牌区域王者。华东地区有77个城市列入城市品牌榜单，入选数量较华中地区多35个席位，较西北地区多47个席位。其中，上海、杭州和南京3个城市位列前10，12个城市跻身30强城市品牌。与此同时，华东地区77个城市的平均品牌影响力指数得分为0.323，同样在七大区域中拔得头筹，比华北地区高0.037，比东北地区高0.114。可以说华东地区城市品牌质量远远高于其他六个地区，主要原因是江苏省、浙江省、山东省和上海市的城市品牌强度较高，对华东地区产生了带动作用。

在5个二级指数上，华东地区同样保持着领先优势。在文化指数、投资指数、传播指数上，华东地区是唯一得分突破0.3的区域；在文化指数和投资指数上，华东地区的优势更加明显，与华北地区的分差超过0.04。横向比较，华东地区在旅游和宜居两个二级指数上稍显弱势，其旅游指数与西南地区分差不大，宜居指数低于0.3，但依然是七大区域中得分最高的。总体而言，华东地区是文化、旅游、投资、人居和传播五个方面最为均衡的城市品牌强势区域。

（2）华北与华南地区——城市品牌区域跟进者。华北地区与华南地区的城市品牌影响力指数平均得分分别为0.286和0.281。在10强城市品牌中各占2个席位，两个区域都有将近一半的城市位列100强，并与华东地区一起占据了100强城市品牌的68个，是中国城市品牌建设的中坚力量。

华北地区城市品牌影响力指数得分在七大区域中较高，原因如下：第一，华北地区的文化、旅游、投资、宜居和传播5个二级指数都与华东地区相差不大，其中宜居和传播指数的差距较小，分差在0.02左右，文化、旅游和投资指数的差距较大，分差超过0.04；第二，北京和天津得分较高，较大地拉升了华北地区的平均得分。北京继续领跑全国，并且拉大了与上海的分差，展示了其城市品牌建设的强劲势头。但是，华北地区区域内城市品牌结构不合理问题严重。

与华北地区相同，华南地区在10强城市品牌占据2个席位，分别是深圳和广州。不同的是，华南地区区域内城市规模结构更合理。

华南地区的5个二级指数相对平衡，但与华东和华北地区相比，文化和传播品牌劣势较为明显。华南地区在文化指数上与华东和华北地区差距明显，与华东地区的分差约为0.06。

（3）华中、西南、西北和东北地区——城市品牌弱势区域。从城市品牌影响力指数的区域平均得分来看，华中、西南、西北和东北四个地区分别为0.269、0.267、0.231、0.209，与其他地区有一定的差距，尤其是东北地区与华东地区的分差超过0.1。从区域内部城市品牌的排名看，四个地区的绝大多数入围城市得分较低，比例分别为74%、76%、80%和85%。同时，西北和东北地区没有城市入围10强，多方面数据都反映了四个区域在城市品牌建设上的弱势地位。但是值得一提的是，西南地区的旅游指数相对较高，这是带动当地城市品牌影响力发展的优势所在。

2. 省域品牌影响力发展不充分、不平衡

中国省域品牌影响力水平总体不高，且呈现明显的分层趋势和两极分化现象。省域品牌影响力指数得分在0.5以上的只有4个省市，依次为北京、上海、重庆和浙江，是中国省域品牌的第一梯队；天津、江苏、广东、山东、四川、河北、河南、福建、湖南、海南和湖北11个省市则处于0.3—0.5的第二梯队；其余省域的PBII得分都在0.3以下，是第三梯队。从指数得分看，多数省域的品牌吸引力同比呈微幅下降态势。部分省域成长较好，比如海南受自由贸易港国家战略的强劲支撑，品牌影响力指数得分升幅显著；河南、贵州、福建表现活跃，省域品牌影响力指数得分升高；广东、青海、四川、山西、内蒙古和新疆也保持上升态势。云南、陕西、广西、甘肃、黑龙江、湖南、山东的省域品牌影响力指数得分降低，其中云南的降幅较大。

表1-6　省域品牌影响力指数得分对比

	2021年PBII	2020年PBDI
北京	0.963	0.917
上海	0.853	0.832
重庆	0.532	0.564
浙江	0.515	0.526
天津	0.454	0.464
江苏	0.444	0.459
广东	0.434	0.443
山东	0.430	0.444
四川	0.360	0.370
河北	0.345	0.357
河南	0.333	0.331
福建	0.332	0.317

续表

	2021 年 PBII	2020 年 PBDI
湖南	0.322	0.340
海南	0.320	0.278
湖北	0.311	0.417
贵州	0.279	0.279
安徽	0.270	0.298
陕西	0.267	0.300
云南	0.261	0.332
江西	0.260	0.284
山西	0.251	0.267
新疆	0.221	0.232
广西	0.194	0.272
青海	0.165	0.163
内蒙古	0.159	0.163
辽宁	0.139	0.172
甘肃	0.136	0.169
吉林	0.126	0.103
黑龙江	0.121	0.121
宁夏	0.025	0.041

资料来源：笔者自制。

3. 城市群品牌效应回落，与城市品牌的互动协同仍有待提升

中国城市群品牌影响力水平波动幅度大，呈现明显的分层趋势和两极分化现象，区域发展水平严重不均衡。根据城市群品牌影响力指数得分，粤港澳大湾区、长三角城市群、京津冀城市群和珠三角城市群 ABII 得分在 0.5 以上，位居城市群品牌第一阵营。山东半岛城市群、成渝城市群、长江中游城市群、中原城市群和滇中城市群处在区域品牌影响力较为滞后的第二阵营。兰州西宁城市群、辽中南城市群、晋中城市群、天山北

坡城市群和宁夏沿黄城市群得分都在0.2以下，与第一梯队形成巨大反差，可见城市群分层趋势明显。大多数中西部城市群和东北地区的城市群的影响力指数相比头部阵营呈现较大差距。此外，城市群品牌影响力指数得分高于城市品牌影响力指数均值的只有8个城市群，其他12个城市群的品牌效应还没有充分显现（见图1-5）。

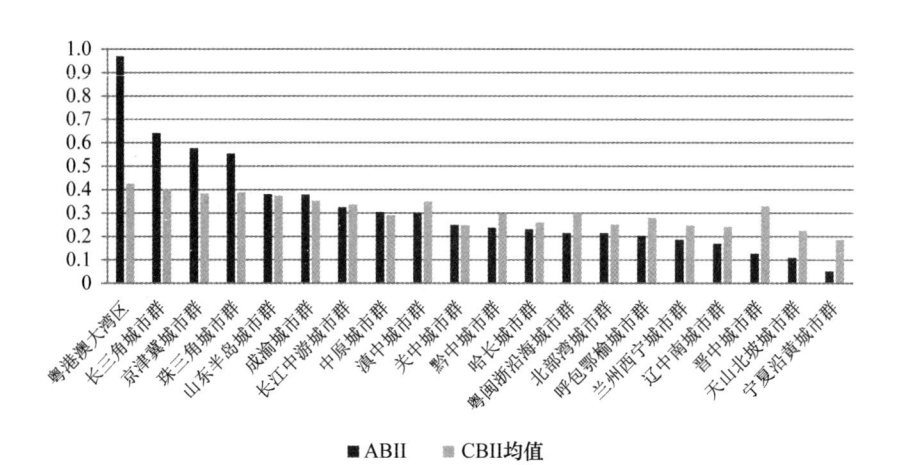

图1-5　2021年城市群品牌影响力指数与其城市品牌影响力指数均值对比

资料来源：笔者自制。

4. 主要都市圈的品牌协同力有较大提升空间

其一，30个主要都市圈的区域品牌协同力参差不齐。

都市圈是以一个或多个中心城市为核心，以发达的联系通道为依托，吸引及辐射周边城市和区域的城市地域空间形态演化的高级形式，也是大城市发展到一定阶段所出现的一种空间现象。本书纳入观察的有30个都市圈，包括北京都市圈、成都都市圈、重庆都市圈、大连都市圈、福州都市圈、广州都市圈、桂林都市圈、哈尔滨都市圈、杭州都市圈、合肥都市圈、呼和浩特都市圈、济南都市圈、昆明都市圈、南昌都市圈、南京都市圈、南宁都市圈、青岛都市圈、厦门都市圈、上海都市圈、深圳都市圈、沈阳都市圈、石家庄都市圈、太原都市圈、天津都市圈、武汉都市圈、西安都市圈、徐州都市圈、长春都市圈、长沙都市圈、郑州都市圈。本书暂未将都市圈品牌影响力纳入测算，但都市圈内部城市的品牌影响力指数得分均值仍可说明其品牌的协同力。城市品牌影响力指数均值计算结果表明，中国都市圈的品牌协同力水平总体不高，且水平参差不齐，整体呈东高西低的空间分布格局，还有较大的提升空间。在30个都市圈中，品牌协同力表现最好的是上海都市圈，其城市品牌影响力指数均值为0.454。重庆都市圈、北京都市圈和杭州都市圈的CBII得分均值分别为0.414、0.413和0.407。南宁都市圈城市品牌影响力指数得分仅为0.213，都市圈品牌协同力水平在30个都市圈样本中较低。

表1-7　　30个主要都市圈的区域品牌协同力对比

	中心城市	都市圈内其他城市	中心城市CBII得分	都市圈CBII得分均值
上海都市圈	上海	苏州、无锡、常州、南通、嘉兴、宁波、舟山、湖州	0.7757	0.4538
重庆都市圈	重庆	广安	0.6089	0.4138
北京都市圈	北京	张家口、保定、廊坊、承德	0.8546	0.4127
杭州都市圈	杭州	湖州、嘉兴、绍兴、衢州、黄山	0.6311	0.4068
厦门都市圈	厦门	泉州、漳州	0.4824	0.3959
青岛都市圈	青岛	威海、潍坊、烟台、日照	0.4957	0.3542
深圳都市圈	深圳	东莞、惠州、河源、汕尾	0.6215	0.3542
天津都市圈	天津	廊坊、沧州、唐山、秦皇岛	0.5629	0.3486
福州都市圈	福州	宁德、莆田	0.4367	0.3357
南京都市圈	南京	镇江、扬州、淮安、马鞍山、滁州、芜湖、宣城、常州	0.5635	0.3297

续表

	中心城市	都市圈内其他城市	中心城市CBII得分	都市圈CBII得分均值
广州都市圈	广州	佛山、肇庆、清远、云浮、韶关	0.6061	0.3181
长沙都市圈	长沙	湘潭、株洲、益阳、岳阳	0.5019	0.3176
济南都市圈	济南	滨州、德州、聊城、泰安、淄博	0.4637	0.3093
昆明都市圈	昆明	楚雄彝族自治州、曲靖、玉溪	0.4410	0.2938
石家庄都市圈	石家庄	衡水、邢台、保定、阳泉	0.3908	0.2919
郑州都市圈	郑州	开封、新乡、许昌、焦作、鹤壁、洛阳、晋城、平顶山	0.4816	0.2868
武汉都市圈	武汉	鄂州、黄冈、黄石、仙桃、咸宁、孝感、潜江、天门	0.5835	0.2857
南昌都市圈	南昌	新余、抚州、九江、宜春	0.4281	0.2844
西安都市圈	西安	宝鸡、商洛、铜川、渭南、咸阳	0.5462	0.2820
大连都市圈	大连	丹东、营口	0.4315	0.2764
成都都市圈	成都	德阳、眉山、绵阳、雅安、资阳、乐山、内江、遂宁、自贡	0.5994	0.2731
合肥都市圈	合肥	六安、安庆、蚌埠、铜陵、滁州、淮南、马鞍山、芜湖、宿州	0.4395	0.2682
哈尔滨都市圈	哈尔滨	大庆、松原、绥化	0.4197	0.2575
徐州都市圈	徐州	宿迁、宿州、淮北、枣庄、滕州、济宁、永城	0.3537	0.2572
太原都市圈	太原	晋中、阳泉、吕梁、忻州	0.4104	0.2522
桂林都市圈	桂林	柳州、来宾、梧州、贺州、怀化、邵阳、永州	0.3767	0.2457
呼和浩特都市圈	呼和浩特	乌兰察布	0.3065	0.2423
沈阳都市圈	沈阳	本溪、抚顺、鞍山、辽阳、铁岭	0.4612	0.2301
长春都市圈	长春	吉林、四平、辽源、松原、公主岭	0.4171	0.2156
南宁都市圈	南宁	崇左、防城港、来宾、贵港、钦州	0.3889	0.2133

资料来源：笔者自制。

其二，区域品牌协同力水平头部都市圈阵营的表现可圈可点。

（1）上海都市圈

由于上海都市圈在区位、基础设施、经济实力、科技创新和国际化等方面相较于其他都市圈都具有明显优势，其应对外部冲击的能力也较强，在30个都市圈中都市圈品牌协同力表现名列前茅。其城市文化品牌指数、旅游品牌指数、投资品牌指数、品牌传播指数的均值都领先全国，但城市宜居品牌指数均值相对不足，这也是上海都市圈未来提升城市品牌影响力应着力的关键所在。具体来看，上海都市圈内部城市的城市品牌影响力指数总体比较高，均值为0.454，全部城市都在全国城市品牌影响力指数的100强之内。中心城市上海的CBII得分在全国处于高位水平，表明上海在都市圈城市品牌影响力水平方面发挥着重要的引领和支撑作用。

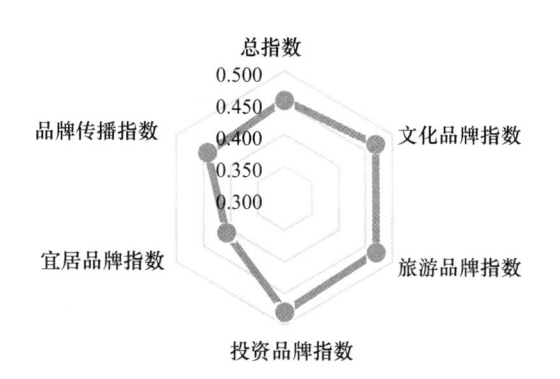

图1-6 2021年上海都市圈城市的CBII分项指数均值

资料来源：笔者自制。

（2）重庆都市圈

重庆都市圈比较特殊，以重庆主城区为主体，另外只包括一个城市广安，区域品牌协同的障碍相比其他城市群极大减少。由于重庆都市圈内城市数量少，且重庆的城市品牌影响力水平较高，都市圈的CBII均值较高。重庆都市圈在旅游品牌指数方面表现出色，但在宜居品牌指数方面相对较差，未来仍需进一步提升。具体来看，重庆都市圈内部城市的品牌影响力水平较高，总指数得分均值为0.414。作为重庆都市圈的中心城市，重庆在全国城市品牌影响力指数得分较高，并且在城市文化品牌指数、旅游品牌指数、投资品牌指数、宜居品牌指数、品牌传播指数五个分项指数方面均表现良好。相对而言，广安的五个分项指标得分都较低，各方面都有待发展和提升。

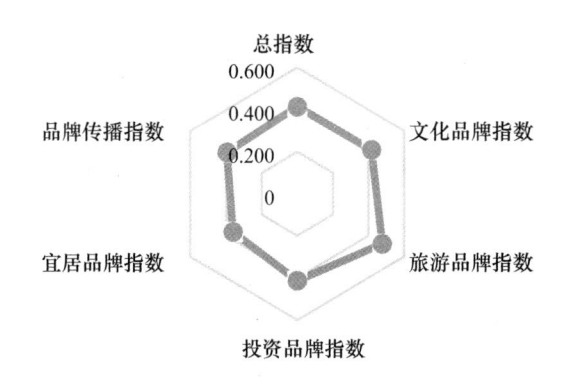

图1-7 2021年重庆都市圈城市的CBII分项指数均值

资料来源：笔者自制。

（3）北京都市圈

北京都市圈以北京为中心城市，在全国30个都市圈观察样本中，CBII均值较高。北京作为中国的政治中心、文化中心、国际交往中心、科技创新中心，对都市圈的整体韧性发展具有较强的辐射带动作用。北京都市圈内部城市的分化略微严重，其城市文化品牌指数、旅游品牌指数、投资品牌指数、品牌传播指数四方面表现较好，但在宜居品牌指数方面相对较差，仍有进一步完善的空间。此外，北京都市圈内部各城市品牌影响力水平差异较大，都市圈内的5个城市中北京的CBII各分项得分最高，但其余4个城市的城市品牌影响力指数得分较低。在北京都市圈中，保定、张家口、廊坊、承德与北京相比差距较大，拉低了北京都市圈的城市品牌影响力指数得分。尤其是这几个城市的旅游品牌指数得分普遍较低，需要进一步发展。承德的品牌传播指数得分较低，亟须提升。

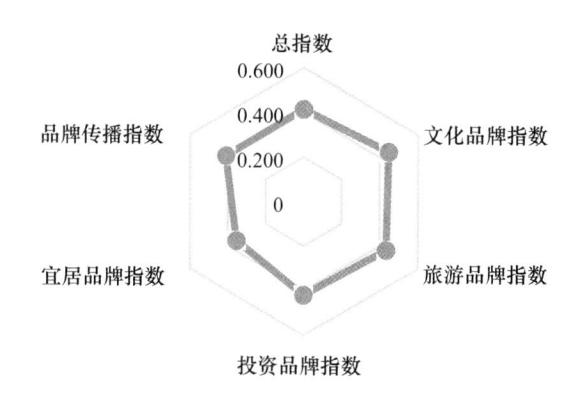

图 1-8 2021 年北京都市圈城市的 CBII 分项指数均值
资料来源：笔者自制。

（4）杭州都市圈

杭州都市圈以杭州为中心城市，在全国 30 个都市圈观察样本中，CBII 均值为 0.407。杭州都市圈在文化品牌指数和旅游品牌指数方面表现较为突出，但其宜居品牌指数和品牌传播指数方面尚需着力提升。在都市圈的 6 个城市中，杭州的 CBII 得分较高，有 3 个城市的 CBII 得分位列全国前 50。具体而言，杭州作为杭州都市圈的中心城市，城市品牌影响力水平较高，且其城市文化品牌、旅游品牌、投资品牌、宜居品牌、品牌传播指数都有良好的基础及表现，在都市圈中发挥着重要的引领作用。衢州的总指数得分相对较低，需要进行综合发展。黄山的投资品牌指数得分较低，需要进一步改进。

（5）厦门都市圈

厦门都市圈包括厦门、泉州和漳州 3 个城市，是中国东部最具活力的经济一体化产业区。厦门都市圈内城市数量较少，在全国 30 个主要都市圈中，其 CBII 得分较高。厦门都市圈在城市旅游品牌指数方面表现出色，但在城市投资品牌指数和品牌

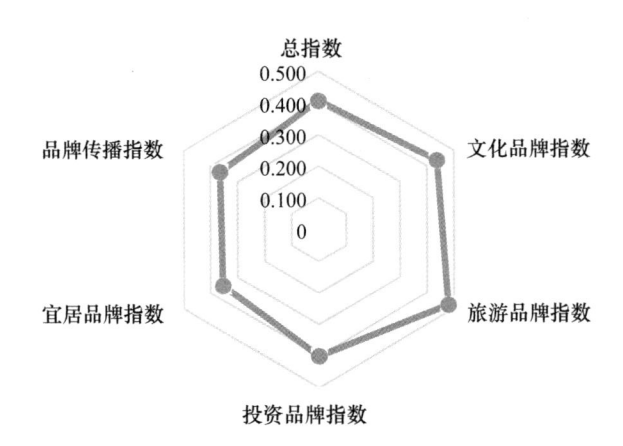

图 1-9　2021 年杭州都市圈城市的 CBII 分项指数均值

资料来源：笔者自制。

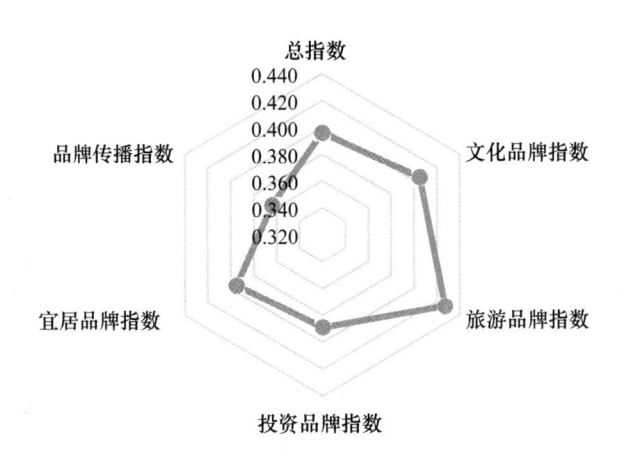

图 1-10　2021 年厦门都市圈城市的 CBII 分项指数均值

资料来源：笔者自制。

传播指数方面表现较差，未来亟须提升。具体来看，厦门都市圈内部城市的品牌影响力水平较高，总指数得分在全国平均水平之上。厦门和泉州的总指数得分较高。作为厦门都市圈的中心城市，厦门在全国城市品牌影响力指数得分较高，并且在城市文化品牌、旅游品牌、投资品牌、宜居品牌、品牌传播 5 个分项指数方面均表现良好。相对而言，漳州的总指数得分排名显得落后，尤其是在城市投资品牌指数方面得分较低，有待发展和提升。

（四）中国城市品牌影响力回眸与展望

本报告的城市品牌指标从 CBDI 到 CBII，指数框架虽有微调，但总体仍保持较强的稳定性和连贯性。本部分对 2017—2021 年 5 次城市品牌影响力指数的测评结果进行纵向分析，以在较长的时间框架下观察中国城市品牌的发展轨迹和演变特征，从而为未来城市品牌的提升提供参考和借鉴。2020 年的报告仅选取了历年 CBII 得分 100 强城市作为样本进行分析，本报告将考察样本扩大至内地 286 个样本城市（香港、澳门另外单独列出），以进一步回溯过去 5 年（2017—2021 年）城市品牌的演变情况，包括结构维度、区域差异及层级分化等。在此基础上，对未来中国城市品牌影响力的发展进行展望和提出建议。

1. 品牌结构演变特征

从品牌结构演变来看，城市文化品牌持续成长，投资品牌和品牌传播有起有伏，旅游品牌和宜居品牌持续下降。

近 5 年来，中国新型城镇化建设加速推进并开启了向高质量发展转型的道路，"五个统筹""五位一体"的发展原则和发展模式正在逐步得到落实和确立，城市品牌建设持续加强，成为助力中国新型城镇化建设的重要力量。新冠肺炎疫情暴发以来，经济活动和投资受到限制，人民生活方式和政府管理模式也在经历变革的阵痛，使城市品牌强度在最近两年有所回落。全国各地针对疫情采取了一系列强化城市发展韧性的积极行动，推进城市治理模式的优化和营销方式的创新，为进一步夯实城市品牌韧性奠定了基础。

从过去 5 年城市品牌分项指标情况来看，中国城市品牌实现了较好的结构优化，均衡性有所提升，表现最突出的就是曾困扰城市品牌建设的文化品牌和投资品牌都取得了可喜的成长。在城市品牌的五个维度中，城市文化品牌是唯一保持同比正增长和年均正增长的子品牌，表明中国城市的文化软实力有长足的提升。城市旅游品牌和宜居品牌呈下降态势，从一个侧面说明人民日益增长的美好生活需要和不平衡不充分的发展之间的矛盾依旧突出。投资品牌和品牌传播起伏较大。其中，投资品牌2021年同比正增长，成为提升城市品牌影响力的重要引擎，但年均却是微幅负增长；品牌传播则年均微幅正增长，同比却急剧下降，表明城市在营商环境品牌和城市形象传播方面的治理受环境变化的影响较大，治理能力还不够稳健成熟，有待进一步加强（见表1-8）。

表1-8　2017—2021年286个样本城市的城市品牌影响力指数及分项指数得分情况　　（单位:%）

	总指数	文化品牌	旅游品牌	投资品牌	宜居品牌	品牌传播
2017年	0.303	0.250	0.373	0.292	0.339	0.258
2018年	0.278	0.237	0.369	0.223	0.317	0.246
2019年	0.308	0.244	0.323	0.279	0.301	0.392
2020年	0.295	0.223	0.328	0.271	0.271	0.384
2021年	0.277	0.274	0.315	0.280	0.246	0.271
同比增长率	-6.21	22.84	-3.96	3.11	-9.09	-29.55
年均增长率	-2.21	2.25	-4.31	-1.09	-8.32	1.17

资料来源：笔者自制。

2. 领军阵营变化特征

从城市品牌的头部阵营来看，头部城市的品牌优势持续扩大，但内部阵容有所调整。近年来，中国城市品牌影响力指数存在显著的"马太效应"，这也折射出中国城市发展层级、梯度和区域间不平衡的现实。尽管受新冠肺炎疫情影响，全国城市品牌整体水平在过去的5年间呈相对下降态势，但头部城市依然在保持第一梯队的基础上不断实现突破，这种现象体现在文化品牌、旅游品牌、投资品牌、宜居品牌和品牌传播每一个层面。可以说，中国城市品牌网络体系格局已大体趋稳。但城市如果抓住机遇，大力推动创新发展，实现品牌逆袭也大有可能。杭州和合肥就是两个成功的案例，且未来发展仍有较大潜力。杭州站在互联网时代的潮头，汇集云服务的人才和技术，影响力辐射全国甚至全球，为城市品牌建设提供源源不断的推动力，城市品牌影响力排名远超城市经济总量的排名，成为国内外著名的明星城市；合肥则发力可控核聚变、量子计算、人工智能和新能源等科技探索，并且创新产业链和资本化招商模式，城市品牌影响力逐年稳步提升。当然也有一些城市的品牌建设滞后于经济发展，显示出城市硬实力和软实力发展的不均衡，不利于城市可持续优势的形成。其中苏州就是典型的案例，在过去5年里城市品牌影响力指数得分始终未能跻身前10，品牌表现与苏州在国内的经济地位不相称。如能重视并有效提升城市品牌影响力，相信苏州未来的发展会更加多元和稳健。

从城市品牌20强城市在过去5年的城市品牌影响力指数得分年均增长率来看，年均增长率大于2%的城市有北京、上海、杭州、武汉；年均增长率小于0的城市有香港、厦门、昆明和大连。具体来看，大致可以归为如下几个类型。

保持领先的城市：北京的年均增长率为2.79%，上海的年均增长率为2.54%。

稳步前进的城市：杭州的年均增长率为2.27%，沈阳的年均增长率为2.27%。

波动进步的城市：重庆的年均增长率为1.70%，武汉的年均增长率为2.43%，长沙的年均增长率为1.54%。

保持稳定的城市：成都的年均增长率为1.67%，宁波的年均增长率为1.02%。

波动退步的城市：广州的年均增长率为1.01%，南京的年均增长率为0.70%，天津的年均增长率为0.68%，西安的年均增长率为0.72%,苏州的年均增长率为1.06%,青岛的年均增长率为0.64%,郑州的年均增长率为1.10%。

持续衰落的城市:香港的年均增长率为1.18%,厦门的年均增长率为-0.37%。

得分降低的城市:昆明的年均增长率为-0.86%,大连的年均增长率为-1.47%。

表1-9　2017—2021年10强城市品牌总指数及分项指数得分情况　（单位:%）

	总指数	文化品牌	旅游品牌	投资品牌	宜居品牌	品牌传播
2017年	0.597	0.548	0.631	0.641	0.507	0.660
2018年	0.587	0.588	0.632	0.570	0.527	0.618
2019年	0.686	0.657	0.652	0.714	0.603	0.805
2020年	0.660	0.639	0.634	0.705	0.553	0.771
2021年	0.611	0.664	0.583	0.649	0.547	0.615
年均增长率	0.58	4.69	-2.00	0.31	1.88	-1.78

表1-10　2017—2021年20强城市品牌总指数及分项指数得分情况　（单位:%）

	总指数	文化品牌	旅游品牌	投资品牌	宜居品牌	品牌传播
2017年	0.539	0.492	0.581	0.583	0.481	0.556
2018年	0.530	0.527	0.584	0.507	0.490	0.542
2019年	0.619	0.578	0.591	0.637	0.556	0.733
2020年	0.596	0.561	0.578	0.624	0.508	0.708
2021年	0.551	0.598	0.551	0.577	0.494	0.537
年均增长率	0.55	4.76	-1.33	-0.26	0.66	-0.87

资料来源:笔者自制。

3.城市品牌的区域分异特征

2017—2021年城市品牌的区域分化:华东、华南地区城市品牌影响力指数得分排名领先,东北、西北地区城市品牌影响力指数得分排名滞后,南北城市差距持续扩大。考察2017—

2021年全国各大区域（港澳作为特别行政区单独归类）城市品牌影响力指数均值的变动情况，可发现华东、华南地区的城市表现平稳，华东地区尤其已成为我国城市品牌的领导力量；华中、西南地区的城市得分升高，品牌韧性增强；华北地区的城市得分略有下降，香港和澳门也出现收缩，东北和西北地区的城市则呈现较明显的下滑趋势（见表1-11）。

表1-11　2017—2021年各区域城市品牌影响力指数得分对比　（单位：%）

		港澳地区	华东地区	华北地区	华南地区	华中地区	西南地区	西北地区	东北地区
城市品牌影响力指数均值	2017年		0.342	0.323	0.306	0.289	0.283	0.270	0.256
	2018年	0.551	0.317	0.286	0.279	0.263	0.272	0.243	0.220
	2019年	0.597	0.361	0.320	0.313	0.289	0.291	0.254	0.239
	2020年	0.548	0.345	0.302	0.301	0.286	0.283	0.246	0.224
	2021年	0.486	0.323	0.286	0.281	0.269	0.267	0.231	0.209
年均增长率		-4.29	-1.41	-3.05	-2.14	-1.78	-1.50	-4.00	-5.24

资料来源：笔者自制。

此外，城市品牌影响力继续呈南强北弱的态势。从城市品牌影响力指数的平均值来看，2021年南方城市得分为0.297，较北方城市的0.253高0.044。2021年城市品牌影响力指数的100强城市中，南方城市占62席，北方城市仅占38席。从年均增长率来看，南方城市2021年较2017年增长-1.24%，比北方城市的增幅-3.58%多2.34个百分点（见表1-12）。

南北方城市的品牌发展出现差异和变动，一是有其自然条件和经济社会发展水平的原因。南方城市普遍水运发达，多具有沿江沿海的自然条件，对于第一、第二产业发展而言是得天独厚的优势，更容易形成产业和就业的聚集。二是经济发展模式和发展水平的差异。即使在相同的经济社会制度背景下，南方城市的市场发育更为成熟，个体、私营和外资经济更为发达，尤其是私营和合资经济活跃，激发了市场活力，也提升了城市吸纳就业和人口的能力，更重要的是推动创新形成新的技术和管理优势，推动经济社会向着人民日益增长的美好生活需要的方向快速发展。未来北方城市应加大市场化改革力度，不断提升开放水平，在保护自然环境的同时，紧紧抓住数字化和能源转型的机遇，力争获得更大的发展动能，不断促进区域经济社会的均衡发展。

表1-12　2017—2021年南北方城市的城市品牌影响力指数对比　　（单位:%）

		南方	北方
城市品牌影响力指数均值	2017年	0.312	0.292
	2018年	0.294	0.259
	2019年	0.326	0.286
	2020年	0.316	0.270
	2021年	0.297	0.253
年均增长率		-1.24	-3.58

资料来源：笔者自制。

二 构建新发展格局下的城市品牌影响力

（一）关于构建新发展格局的研究综述

中国经济经历了长期高速的增长时期，与这种增长相伴的有三种典型特征：一是投资驱动（卫兴华等，2007；刘世锦，2011）；二是偏向积累的分配结构（刘世锦，2011；冯志轩，2012）；三是外向经济（裴长洪等，2006；刘瑞翔等，2011）。这三个特点相互联系，在相当长的一个时期内构成了中国经济的重要发展模式。但近年来随着国内外经济社会形势的变化，这一发展模式也面临着更多的问题和挑战，2020年7月30日召开的中共中央政治局会议明确提出，"牢牢把握扩大内需这个战略基点"。这是面对发展环境突变的一次战略调整，将"加快形成以国内大循环为主体、国内国际双循环相互促进的新发展格局"，预示着中国进入新发展阶段。"双循环"发展格局，是中国应对当前乃至今后一段时间国内发展现实、国际大变局的重要经济发展战略，是现阶段社会主义经济建设的方向和逻辑底层（焦方义等，2021）。

1. 关于新发展格局提出的战略背景

对于新发展格局已有一些学者进行了研究，战略背景主要有以下几方面：第一，全球暴发的新冠肺炎疫情对经济产生了巨大冲击。国际形势也更加错综复杂，经济衰退超过2008年国际金融危机，国际贸易和投资大幅萎缩，国际金融市场动荡，经济全球化遭遇逆流，保护主义和单边主义上升。不同国家应对疫情的政策存在差异，经济复苏也不尽相同，外部环境动荡，全球经济陷入了"长期性停滞"格局（贺灿飞等，2021），外向型经济的不稳定性陡然增加，外向型经济布局需要进行调整（张可云等，2021）。第二，大国博弈加剧恶化了外部发展环境。随着中国经济实力和综合国力的提升，以美国为首的发达国家视中国为战略竞争对手，新冠肺炎疫情负面影响进一步加深了欧美对"去中国化"的决策，对中国的战略遏制日趋强化（黄群慧，2021）。全球范围内贸易保护主义、单边主义、民粹主义抬头，因此，要保证经济持续稳定增长，中国需将扩大内需作为战略基点，应对发展环境变化（王一鸣，2020）。第三，新一轮科技革命是影响变局的重要变量。数据规模、数据采集存储加工能力和数据基础设施，正在成为大国竞争的制高点。中国面临以美国、英国等国为首的西方国家科技封锁的挑战，试图在中国由经济大国向经济强国转变过程中"卡脖子"，产业链处于价值链的中下游水平会导致经济发展受制于人，一个国家的经济体系在全球价值链中所处的位置决定其话语权（郭晴，2020），倒逼中国下决心增强自主创新能力，攻克关键核心技术，提升产业链竞争力和现代化水平（王一鸣，2020）。第四，中国经济的外贸依存度呈降低趋势是中国经济崛起的必由之路。一方面是现实挑战，外贸依存度过高，意味着一国的经济发展对外部经济环境的依赖性强，一旦外部环境恶化，就会严重地影响到一国的经济安全（郭晴，2020）。另一方面是现实变化，在由投资、消费、净出口构成的拉动经济增长的"三驾马车"中，净出口的贡献率显著下降，对中国经济内循环程度进行量化分析，自2008年国际金融危机后，中国经济内循环程度逐步上升，对外贸易依存度明显下降，这表明内需的作用正在增大，也标志着以投资与消费构成的内需将在更大程度上决定未来经济增长能力（顾佰和等，2021）。以国内大循环为主体，通过发挥内需潜力，使国内市场和国际市场更好联通，可以更好地利用国际国内两个市场、两种资源，实现更加可持续的发展（贺灿飞等，2021；张可云等，2021）。第五，中国国内有效需求尚未得到充分释放。中国各地区增速分化比较明显，受外部环境影响，经济内向度高的省份经济增长速度为正，而经济外向度较高的省份绝大多数经济增长率为负。在疫情短期内无法结束且世界贸易受阻的情况下，增强国内大循环能力，是保增长的必然选择（张可云等，2021）。同时，中国经过70多年的发展进程，形成了良好的国内经济基础和现代化工业体系，也为内循环提供了强大的基础保障和空间（董志勇等，2020）。

2. 关于新发展格局的内涵

对于如何理解新发展格局的内涵，学者们的观点主要分为两个方向。一种观点，将新发展格局理解为一种"循环"，通过利用资本循环和社会总资本再生产理论为新发展格局构建一个理论框架，认为循环的本质是以价值运动为核心的资本循环（或者说价值的循环），价值在货币、生产要素和商品形态之间的不断转换是经济运动背后的核心逻辑，只有价值能够实现顺利地循环，经济才能够有效地运转。而实现价值循环的条件则是经济当中技术结构、分配结构、需求结构、生产结构之间的相互配合。各种结构的不同组合关系构成了不同类型的循环模式。新发展格局则是在既定的环境背景下构建的新的循环模式——国内国际双循环（程恩富等，2021；李帮喜等，2021）。国民经济"内循环"与"外循环"通常有两种理解，一种从国民经济核算的角度出发，将内循环理解为"内需"，外循环理解为"外需"（徐奇渊，2020）；另一种从产品市场与资源供给的角度出发，将内循环理解为向国内市场提供产品服务和使用国内生产要素，外循环理解为向国外市场提供产品服务和使用国外的生产要素（汤铎铎等，2020）。改革开放前30年，要素禀赋失衡，外循环的地位持续上升，甚至出现"失常"高比重的现象，但在促增长、结构调整和技术进步等方面发挥了显著的作用。近十年来，随要素变化，经济规模发展，外循环带不动如此体量的内循环，外循环的地位逐渐下降，内循环地位提升并成为必然的模式选择（江小涓等，2021）。构建双循环的发展格局，本质上是为了应对和解决国内经济增长内需不足，创新水平低，关键技术"卡脖子"，产业价值链处于低端和新冠肺炎疫情影响下孤立主义与保护主义盛行的局面（焦方义等，2021），是中国自身经济模式的一次结构性调整。当然，新发展格局不是闭关锁国，而是打通阻碍国内经济发展的各个环节，疏浚经济发展的各种渠道（郭晴，2020），将为中国更好地掌握经济发展主动权提供战略支持。

另一种观点与强调"双循环"的属性不同，更加强调新发展格局的本质特征是中国现代化进程发展到新阶段后的高水平自强自立。新发展格局不能被等同于"双循环"，除了关注"国内大循环为主体""双循环相互促进"的内涵，"高水平自强自立"更应被强调和突出，"循环"只是发展手段，不是发展目的（姚树洁等，2020）。构建新发展格局是中国基于自身资源禀赋和发展路径而探索的、以自立自强为本质特征的、突破"依附性"、具有"替代性"的一种经济现代化模式和战略（黄群慧，2021），是在超大规模经济优势基础上的安全发展，经济发展模式从融入参与发展模式向主动引领发展模式转变，实现大国经济高质量发展（盛朝迅，2021）。

3. 关于新发展格局的关键要素

关于新发展格局的关键要素，文献也有较多的探讨。要推动形成以国内大循环为主体、国内国际双循环相互促进的新发展格局，关键核心是推动要素自由流动——完善土地、劳动力、资本、技术、数据等要素的自由流动机制，在新发展格局背景下，既要研究户籍、收入、税收、市场、教育及医疗等影响要素流动与区域合作的传统因素，也需要重视城市群与都市圈的发展，碳达峰、碳中和目标的确立及智慧时代的来临等影响要素流动的新因素（胡磊，2021）。从国家战略的角度来看，新发展格局要牢牢把握扩大内需这一战略基点，统筹"发展"和"安全"两大关键要素（马建堂等，2020），从发展的角度来看，需从制度建设、社会信任、经济结构、消费结构和教育公平五个方面去构造并夯实支撑"双循环"新格局的社会经济基础（彭小兵等，2020）。从循环的视角来看，畅通性是关键，构建新发展格局的关键在于贯通生产、分配、流通、消费各环节，推动经济活动在国内各个环节、各个产业、各个部门和各个区域之间的循环畅通与高效配置（王一鸣，2020；金碚，2021；徐志向等，2021）。

4. 关于构建新发展格局的路径

学者们就如何加快构建新发展格局，也提出了许多路径构想和对策建议。一是主张扩大内需，深化改革开放。在国际需求乏力、风险加大的情况下，当前以打通国内供需两端为主，通过激活需求并匹配高质量供给才能让经济真正循环起来，一方面是供给侧的推动，扩大内需，围绕消费和投资提振需求，中国作为拥有 14 亿人口和人均 1 万美元 GDP 的大市场主体，有足够的能力和潜力来支撑经济内循环，培养完整的内需体系；另一方面深化供给侧改革，以高质量满足需求，提高供给端对需求端的适应性，推动科技创新和产业创新的融合（蒲清平等，2020；洪银兴等，2021）。二是主张改善营商环境，稳定产业链。营造优质稳定的营商环境，将极大程度促进中国实体经济的发展，释放市场活力（吴晓妹等，2021），产业链是由需求链、供给链、知识链、企业链、空间链和价值链这六大链条有机组合而成的链条（蒲清平等，2020）。从需求链上激活中国巨大的内部需求、供应链上进行流程化再造、知识链上解决卡脖子风险、企业链上做大做强、空间链上发挥聚集效应、价值链上发挥比较优势（李雪等，2020），推动科技自主创新和产学研用深度融合，健全开放式自主创新生态链，加强国际科技合作，积极融入全球科技创新网络和发展技术贸易，建设高能级的现代产业体系（胡磊，2021）。三是主张双循环相互促进。以国内经济循环为主，并不意味着中国经济不再重视国际经济循环。以国内大循环为主体，绝不是关起门来封闭运行，只有对外开放，才能让国内企业不断追求技术进步，使国内的技术、产业和资本优势得到最广阔的发展空间；只有国际合作，才能使技术创新及应用更加富有效率和弹性；改革开放是提升中国经济发展水平的有效方式，健全多元化对外贸易体制，加强同更多国家和地区的对话与合作（吴晓妹等，2021）。四是主张进一步深化新型城镇化。城市群和都市圈建设在构建新发展格局中发挥着非常重要的战略作用（方创琳，2021）。城市群经济发展体制创新能够加快形成全国统一开放、竞争有序的商品和要素市场并实现"双循环"相互反哺（沈坤荣等，2020；沈国兵，2021）。商品流通在以城市为重要依托的市场中进行，城镇化的发展能够串联起经济循环整个过程并将每个环节不断完善，是新型城镇化建设可以实现并促进"双循环"的内在机理。新型城镇化实现供给端的人才聚集和技术创新，需求端的高水平消费，供需关系在城镇化的发展进程中实现良性互动，为各种生产要素和商品集聚交换提供了有效的空间（葛扬等，2021；陈晓东，2021）。新型城镇化初期是打通经济运行各环节，匹配供需，升级国内大循环的过程。中后期是以中心城市引领的都市圈和城市群支撑经济高质量外循环的过程，以新型城镇化为手段，都市圈和城市群为平台，可以实现以国内大循环为主体构建"双循环"相互促进的发展格局（焦方义等，2021）。在新型城镇化的建设方面，除了要发挥已经形成的经济核心地区的城市群与都市圈的作用外，要有目的地培育中西部欠发达地区的新城市群与都市圈，使之与已经形成的城市群与都市圈相互呼应（张可云等，2021）。

（二）概念考察与经验观察框架：基于地区品牌的视角

构建新发展格局是中国为应对外部环境变化和增强自身可持续内生动能的重大战略调整和战略选择，涉及经济社会发展战略在各层面、各领域的调适和变革，地区品牌影响力建设也应确立其助力构建新发展格局的新的思维。综合地区品牌化理论研究、实践进展及构建新发展格局的战略需要，我们认为以下几个方面是重点。

一是平衡城市品牌的"硬实力"和"软实力"建设，力争齐头并进、相得益彰。当前，中国城市正在从片面追求经济规模增长的发展模式向追求城市综合竞争力提升的发展模式转型。基础设施建设、高科技产业发展和自主技术创新等硬实力建设的传统"赛道"越发细分，并且呈现出数字技术、人工智能等赋能城市硬实力提升的发展潮流。与此同时，城市文化、治理水平、市民素质以及城市形象等城市"软实力"也日益成为城市提升自身影响力的"新赛道"。在构建新发展格局的战略要求下，从增强城市内生增长动力的需要出发，扩展、夯实城市"硬实力"基础，提升、壮大其"软实力"能级，成为中国城市普遍面临的挑战。城市营销和城市品牌化从满足投资者、人才、游客等外部顾客及市民、企业等内部顾客的需求和期望出发，通过整合和创新城市经济、社会、环境和文化等方面的资源,来塑造城市能力、品质和特质。城市品牌影响力的贡献因子可分为"硬实力"和"软实力"两方面的来源,可以说城市品牌化是对城市"硬实力"和"软实力"加以特色化、品质化和整合优化的一种努力。迄今为止的理论研究和实践案例都已表明,城市品牌化既是提升城市高端要素能力的重要手段,也是协调城市软硬实力的互动发展的关键战略杠杆,应充分借助城市品牌这一抓手来提升城市的综合影响力和竞争优势。

二是从空间和区域的角度来重新梳理地区品牌网络的关系,提升地区品牌治理绩效。当前,随着新型城镇化的深入推进,区域和城市已成为构建新发展格局的重要空间战略平台。从地区品牌的视角来说,存在如下几个重要的维度需要加以梳理和建设。首先是宏观空间尺度的城市群品牌、省域品牌与城市品牌的互动关系,主要体现在基础设施、文化、旅游、产业基础、区位优势和特征等方面的相互背书,有助于更好地发挥中心带动与腹地支撑效应,对城市品牌影响力的提升有着越来越重要的作用;其次是中观尺度的都市圈品牌与城市品牌的互动关系,在文化认同、发展能级、产业链协同和技术创新等方面,对城市品牌影响力有着直接和紧密的关联;最后是微观尺度的城乡品牌互动,对于丰富城市品牌内涵、发挥以城带乡和城乡融合乃至促进共同富裕等战略功能,都具有重要的意义。促进上述三个空间尺度的地区品牌形成韧性网络和良性互动,是畅通国内大循环的重要战略路径。

三是从国际国内双循环相互促进的角度,来重构地区品牌分工与合作的战略布局,以发挥品牌联动的最大效益。当前,《区域全面经济伙伴关系协定》(RCEP)生效在即,同时"一带一路"行动也在持续深化。在加强与海外特别是"一带一路"沿线国家和城市的交流合作方面,国家中心城市、区域中心城市以及"一带一路"主要节点城市应该发挥全国性或区域性的引领带动作用。因此，上述中心城市不应只做自身的品牌国际推广，还应该积极承担助力国家和区域"国际大循环"的使命，依托区域固有自贸试验区及国际合作网络资源，努力打造多种多样的全国性和区域性的地区品牌对外交流与推广平台，力争把国家及区域中心城市以及丝路节点城市建设成为区域文化、产业和品牌等"走出去"以及人才、技术和投资等"引进来"的重要功能性枢纽。腹地城市更是应规避对外推广中的"单打独斗"，而是应积极参与和配合中心城市的平台功能建设，协力打造"巨轮效应"，组团出海，以此形成国际国内双循环相互促进的地区品牌力量。

综上所述，本书提出地区品牌助力构建新发展格局的基本逻辑框架（见图2-1），并据此展开深入的观察和分析，以剖析其中的发展态势与现实挑战，进而提出相应的对策建议。

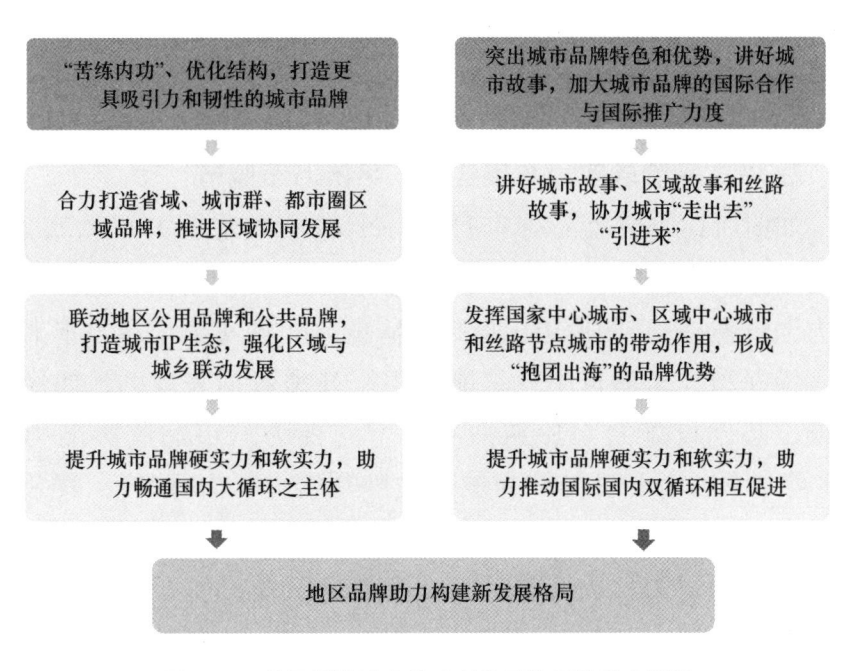

图2-1 地区品牌助力构建新发展格局的概念逻辑

资料来源：笔者自制。

（三）地区品牌助力构建新发展格局：
　　　进展与挑战

1. 韧性意识明显提升，但建设韧性城市仍是长期挑战

城市韧性是城市发展的安全风险底线，也是构筑新发展格局的重大主题。比较2021年和2020年的城市韧性口碑数据标准化值，发现2021年城市韧性口碑有明显提升（图2-2）。这表明在建设韧性城市被写入国家"十四五"规划之后，已初步获得良好的政策效应。各地关于增强城市韧性的政策制定、项目规划和推进、政策宣传以及公众讨论都有了明显的加强，尤其口碑数据体现出的城市韧性意识提升，可视为当前及今后加强城市韧性建设的一个良好基础。当然，韧性城市则需要有一个较长的建设周期，更需要坚持不懈的努力，在疫情、气候变化、国际政经环境变化等多重因素影响下，中国城市韧性建设仍可谓任重道远。

2. 城市品牌软实力与硬实力不平衡乃至脱节

如前所述，城市品牌本身是一个城市最重要的"软实力"之一，但城市品牌的贡献因素构成却既有"硬实力"也有"软实力"。为进一步测度中国城市品牌的软、硬实力来源，本书将三级指标和数据项目中凡是能够用统计类数据表现的，如经济规模、基础设施乃至旅游效益等，均视为城市品牌影响力的"硬实力"因素（可简称为城市品牌硬实力，CBII-H），其余所有舆情、口碑和网络数据，则统称为城市品牌影响力的"软实力"因素（可简称为城市品牌软实力，CBII-S）。一般来说，城市品牌"硬实力"反映城市品牌影响力的实质基础，城市品牌的"软实力"因素则反映城市品牌影响力的受众认知价值。城市品牌的软、硬实力齐头并进、相互促进，既是畅通国内大循

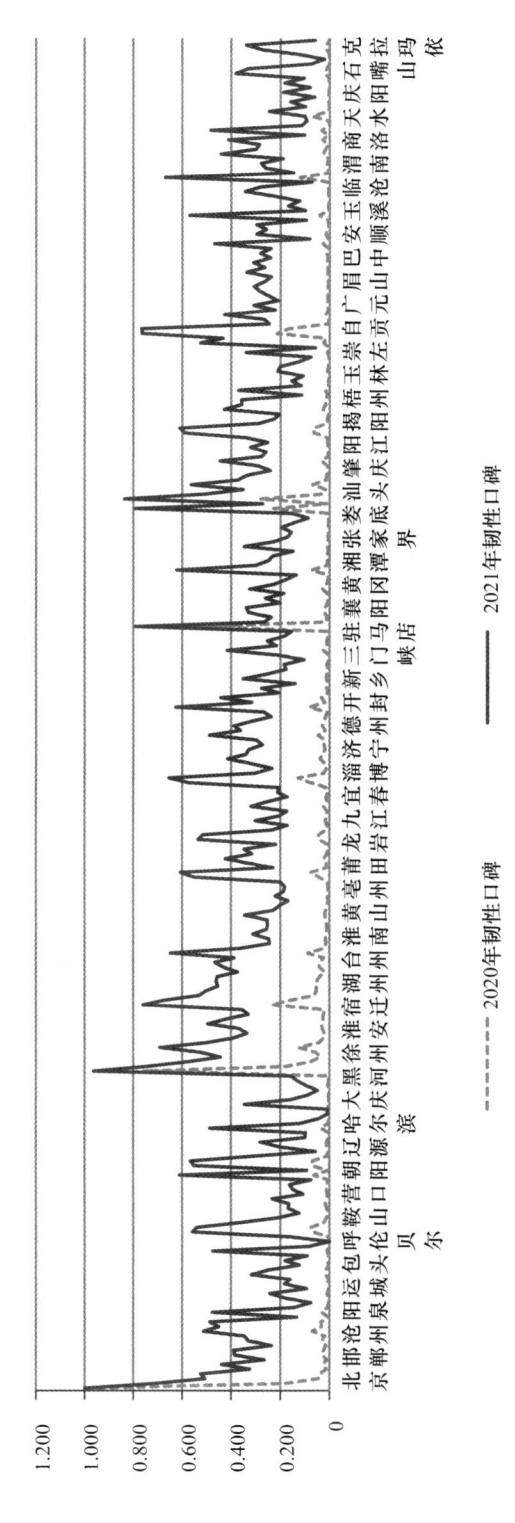

图 2−2 城市韧性口碑数据对比

资源来源：笔者自制。

环之主体、促进国内国际双循环良性互动的重要表征，更是一种重要的发展模式和路径。

数据测算表明，中国城市品牌的软、硬实力不平衡。即使在城市品牌发展较为成熟、得分较高的头部城市阵营，也普遍存在这种不平衡的现象。比如，苏州的城市品牌硬实力得分较高，但城市品牌软实力得分较低。苏州CBII得分未进入全国10强，主要受限于其品牌软实力的不足。重庆的城市品牌软实力也明显不及其城市品牌硬实力。相反，不少城市的软实力却大大反超其城市品牌硬实力。比如，武汉的城市品牌硬实力得分较低，但其城市品牌软实力却得分较高。进一步考察CBII的5个一级指标，这种不平衡表现越发明显。比如，深圳的文化品牌硬实力得分较低，旅游品牌硬实力得分更低，而其上述子品牌的软实力得分却较高（见表2-1和表2-2）。城市品牌软实力的不平衡乃至脱节现象表明中国城市在经济社会建设和城市形象沟通方面的投入和绩效存在落差，存在品牌实质与认知预期冲突的隐忧。如果这种落差过大，则十分不利于城市品牌的可持续发展。一般来说，应鼓励城市品牌软实力适当超越品牌硬实力，这将表示城市的品牌驱动和发展趋势的良性循环和品牌发展的加速态势。当然，也要警惕城市品牌硬实力显著低于城市品牌软实力的情形，因为品牌实质如达不到形象认知的预期，更容易给城市品牌带来伤害。

表2-1　CBII得分较高城市的城市品牌"硬实力"（CBII-H）

	指数	文化	旅游	投资	宜居
北京	0.743	0.854	0.770	0.814	0.536
上海	0.621	0.648	0.580	0.776	0.483
杭州	0.577	0.634	0.590	0.690	0.395
重庆	0.551	0.550	0.570	0.627	0.451
成都	0.541	0.668	0.560	0.545	0.388

续表

	指数	文化	旅游	投资	宜居
苏州	0.524	0.604	0.540	0.590	0.365
深圳	0.522	0.459	0.390	0.725	0.510
西安	0.516	0.616	0.500	0.590	0.354
天津	0.513	0.547	0.440	0.618	0.451
南京	0.510	0.591	0.490	0.613	0.345
广州	0.509	0.593	0.430	0.596	0.417
香港	0.490	0.665	0.220	0.581	0.493
长沙	0.482	0.512	0.500	0.551	0.369
武汉	0.469	0.480	0.540	0.545	0.315
宁波	0.463	0.477	0.500	0.517	0.355
郑州	0.451	0.469	0.510	0.492	0.339
厦门	0.443	0.324	0.430	0.547	0.472
青岛	0.439	0.477	0.410	0.550	0.320
沈阳	0.435	0.457	0.420	0.469	0.394
昆明	0.435	0.469	0.460	0.478	0.339

资料来源：笔者自制。

表2-2　CBII得分较高城市的城市品牌"软实力"（CBII-S）

	指数	文化	旅游	投资	宜居	传播
北京	0.972	0.976	1.0000	1.000	0.976	0.972
上海	0.941	0.959	0.9708	0.975	0.954	0.941
深圳	0.753	0.766	0.8013	0.839	0.726	0.753
广州	0.733	0.785	0.8082	0.751	0.696	0.733
杭州	0.726	0.761	0.8400	0.730	0.697	0.726
武汉	0.707	0.795	0.7418	0.683	0.674	0.707
成都	0.697	0.790	0.7842	0.680	0.668	0.697
重庆	0.694	0.742	0.7897	0.688	0.655	0.694
香港	0.672	0.725	0.6996	0.749	0.631	0.672
南京	0.665	0.738	0.7384	0.674	0.646	0.665
天津	0.648	0.716	0.6910	0.664	0.608	0.648

续表

	指数	文化	旅游	投资	宜居	传播
西安	0.627	0.699	0.7313	0.612	0.591	0.627
苏州	0.598	0.647	0.6726	0.616	0.581	0.598
青岛	0.593	0.651	0.6647	0.608	0.560	0.593
宁波	0.592	0.647	0.6781	0.616	0.554	0.592
长沙	0.570	0.629	0.6556	0.563	0.539	0.570
厦门	0.566	0.603	0.6782	0.571	0.532	0.566
中山	0.561	0.645	0.6362	0.526	0.544	0.561
郑州	0.548	0.622	0.6089	0.540	0.506	0.548
济南	0.541	0.622	0.5925	0.519	0.503	0.541

资料来源：笔者自制。

3. 多半城市对城市品牌建设的重视仍然不足

事实上，城市品牌软实力和硬实力的不平衡，还直接反映出城市对品牌建设的重视程度。一般来说，软实力指标全部采用口碑数据和网络数据，可以表征城市对品牌建设的重视和努力的程度。本书将 CBII 通过上述软硬实力的划分，依其原有的三级指标体系重新构造 CBII-H 和 CBII-S，其中各子指标均采用等权重，计算出 CBII-H 和 CBII-S。对上述两列数据求相关系数，可得二者的相关系数为 0.906，表明中国城市品牌的软实力和硬实力总体呈高度的正相关关系。对 288 个样本城市 CBII-H 和 CBII-S 数值作散点图、趋势线及理想值分界线（即假设 CBII-S 和 CBII-H 值均衡到等值情形的直线，用虚线表示）。数据显示，288 个样本城市的品牌影响力呈现出城市品牌软实力带动和促进城市品牌影响力提升的总体发展趋势。同时也发现过半样本城市处于理想值的下方，其城市品牌软实力弱于城市品牌硬实力，表明城市品牌更多依赖硬实力驱动。其中，城市品牌软实力值大于硬实力值的城市有 121 个，占样本总数的 42.01%；而城市品牌软实力值小于硬实力值的城市则有 167 个（主要是 CBII 得分较低的城市),占样本总数的57.99%,这说明在百年未有之大变局下,面临构建新发展格局的历史重任,中国超过半数的城市对于城市品牌建设的重视程度仍然不足,有待提升(见图2-3)。

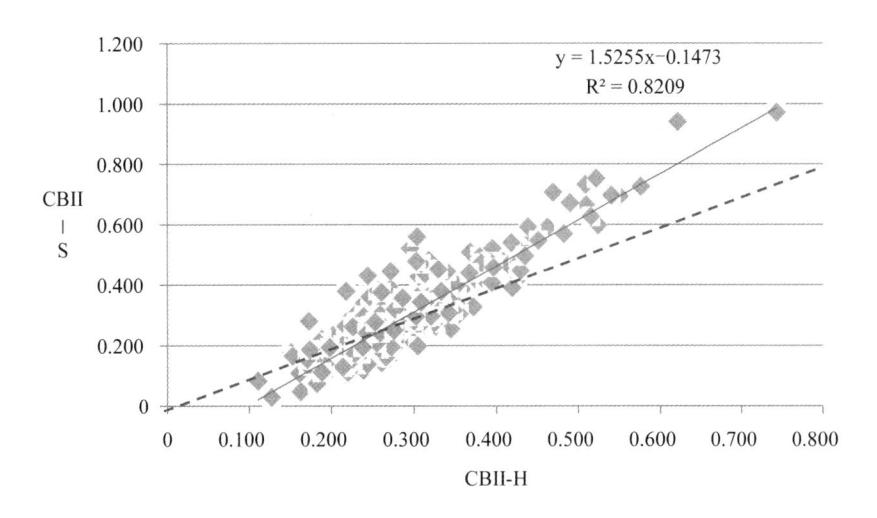

图2-3 288个标本城市的城市品牌软硬实力指标值

资料来源:笔者自制。

4. 农业公用品牌和城市公共品牌的联动效应初显,三四线城市的IP塑造能力有待提升

打造城市IP是城市品牌建设的重要策略,也是近年来中国城市品牌发展的突出亮点。本书分别选取288个样本城市的网红口碑、IP口碑及地理标志口碑,可分别表示城市IP生态、IP传播及地方公用品牌的传播和认知水平。数据显示,IP传播对中国城市品牌影响力已形成带动作用。然而在不同品牌影响力层级的城市,也表现出不同的特征。比如,CBII得分较高的城市(多为一二线城市),IP传播全面发力,成为提升城市品牌影响力的有效途径;CBII得分其次的城市,多数也是城市网红传播和IP传播的受益者,并且在地理标志品牌方面表现非常积极;而CBII得分较低的城市则普遍难以借力网红传播和IP效应,但地理标志口碑仍相对强劲,对其品牌影响力形成重要支撑。这

也表明IP传播特别是农业公用品牌和城市公共品牌的联动，已开始成为带动中西部地区发展、促进城乡融合和共同富裕的重要品牌战略途径。但总体来看，中国城市IP塑造能力还很不均衡，特别是在城市品牌数字资产建设以及数字品牌的管理、运营方面，尚未全面跟进，IP塑造多数还停留在流量炒作阶段，较少战略规划和品牌联动，需要进一步发展和加强。

表2-3　　　　　　城市IP塑造能力的口碑效应分析

	CBII	城市IP生态网红	城市IP传播IP	城市公共品牌地理标志
头部城市取样				
北京	0.855	1.000	0.999	1.000
上海	0.776	0.964	1.000	0.974
杭州	0.631	0.790	0.867	0.820
深圳	0.622	0.792	0.865	0.827
重庆	0.609	0.747	0.778	0.789
广州	0.606	0.788	0.852	0.822
成都	0.599	0.750	0.849	0.783
武汉	0.584	0.757	0.777	0.791
南京	0.563	0.730	0.785	0.804
天津	0.563	0.691	0.722	0.742
中段城市取样				
乐山	0.293	0.311	0.345	0.409
威海	0.290	0.308	0.340	0.440
安阳	0.286	0.279	0.286	0.381
鄂尔多斯	0.286	0.190	0.318	0.352
鞍山	0.286	0.366	0.407	0.426
十堰	0.286	0.198	0.275	0.337
上饶	0.284	0.271	0.333	0.310
汉中	0.284	0.297	0.357	0.464
三明	0.284	0.307	0.336	0.401
连云港	0.283	0.308	0.263	0.409

续表

	CBII	城市IP生态网红	城市IP传播IP	城市公共品牌地理标志
尾端城市取样				
宣城	0.214	0.157	0.183	0.310
益阳	0.214	0.190	0.283	0.299
铜陵	0.213	0.152	0.245	0.248
周口	0.213	0.216	0.231	0.299
内江	0.211	0.141	0.158	0.314
忻州	0.211	0.155	0.201	0.267
驻马店	0.210	0.193	0.196	0.274
铜仁	0.210	0.180	0.129	0.306
许昌	0.209	0.175	0.219	0.384
吕梁	0.209	0.210	0.265	0.303

资料来源：笔者自制。

5. 城市故事内外割裂，降低了传播效果

一般来说，城市故事的生发有三个基本的要点。一是要有普遍认同的价值内核（如人性化、人文关怀、真善美等），二是要体现地方特色，三是要确保故事的原真性和可信度。好的有价值的城市故事，对内和对外传播是故事自身魅力和传播手段助推所达成的"涟漪效应"。反观中国城市在讲述城市故事的实践中，往往在故事的提炼、加工和传播过程中把国内受众和海外受众区别开来，容易形成素材来源偏狭及创作者主观成见的局限，并且使得城市故事的原真性和可信度受损。不少地方的海外媒体和自媒体的传播形式呆板、内容乏味，传播效果有限，也造成公共资源的浪费。也就是说，讲好城市故事也需要眼光向内、"苦练内功"。比如，衢州南孔文化中心脸书（Facebook）账号（Confucius Says）报道了在衢州孔庙举办的少儿围棋比赛活动的单篇贴文，阅读量瞬间接近60万，这也是衢州长期建设和推广南孔文化的自然结果，值得其他城市思考和借鉴。

6. 城市更善于讲生活故事，城市发展故事则显得不足

讲好城市故事是打造城市品牌的重要内容，同时也是讲好中国故事的基本力量。为进一步考察中国城市在讲好城市故事中的表现，我们将CBII指标体系中的部分口碑项目的原始数据加以归类，将城市友善故事、文化故事、美景故事、美食故事和生活品质故事5个口碑数据项目，归纳为城市生活故事指标；将城市发展活力故事、发展信心故事、创新创业故事、营商环境故事和绿色发展故事5个口碑数据项目，归纳为城市发展故事指标。采用极值法进行原始数据的标准化，得到两类指标和上述10个数据项目的标准化值。数据对比发现，城市在讲好生活故事和发展故事方面基本同步，这表明中国城市品牌影响力建设过程中社会文化诉求和经济发展诉求的并重发展态势。然而数据也显示，中国城市更长于讲好城市生活故事，这可能得益于旅游部门对城市美景、美食和市民友善气质的大力推广。即使在新冠肺炎疫情流行、旅游行业遭受重大影响的背景下，288个样本城市的生活故事指标均值（0.332）仍高于发展故事指标均值（0.305），这从一个侧面也反映出中国营商环境品牌建设的专业性和力度目前还难以赶上旅游品牌高度的现实，也提醒城市应创新故事内容、形式和渠道策略，更加积极地打造投资品牌，更好地讲好城市发展故事。

7. 讲好城市故事议题不丰富、表现不平衡，限制城市品牌国际影响力的提升

对数据的进一步分析发现，在城市品牌建设过程中，城市故事指标对城市品牌建设发挥着正向的带动作用，但城市生活故事指标和发展故事指标的内部都存在不同程度的差异，应该予以具体评估和有针对性的改进。比如杭州，在城市生活故事方面，美食、美景和生活品质故事的口碑数据表现非常优异，

但

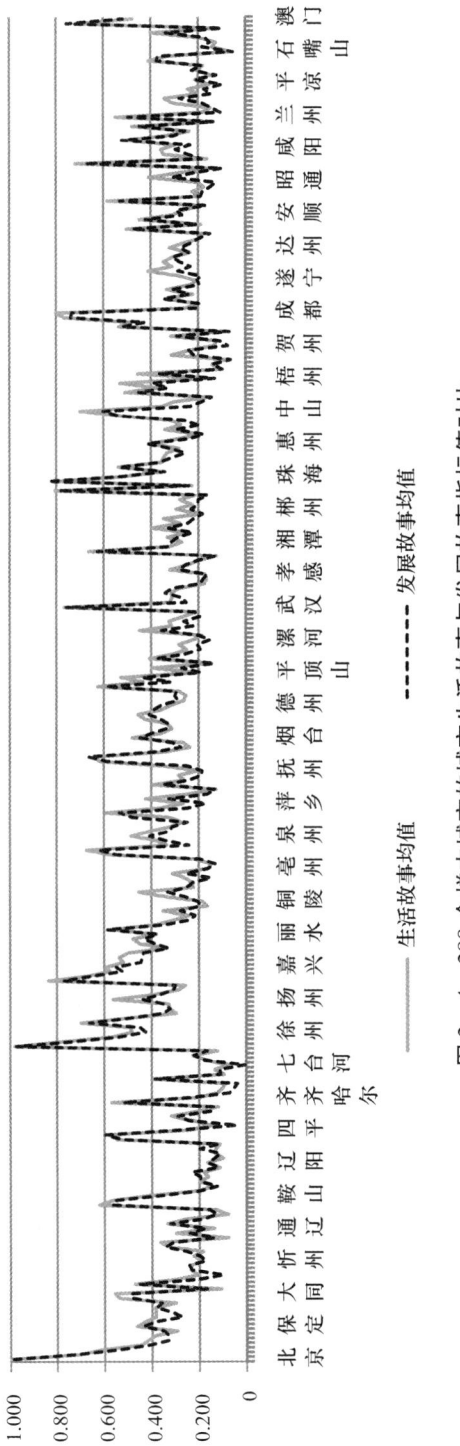

图 2-4 288个样本城市的城市生活故事与发展故事指标值对比

资料来源：笔者自制。

在文化故事和市民友善故事方面却略显逊色，说明杭州的文化传播绩效不及旅游传播；在城市发展故事方面，营商环境、绿色发展及创新创业等口碑数据突出，但发展活力和发展信心的故事则相对不足（见图2-5和图2-6）。特别是CBII得分较低的城市，城市故事指标均值普遍低于CBII均值，表现出城市品牌软实力的较大缺陷（见表2-4和表2-5）。结合经验观察来看，当前讲好城市故事的议题还不够丰富和饱满，制约着城市影响力的进一步提升。

表2-4　　CBII不同分数段样本的城市生活故事指标对比

	CBII	生活故事指标均值	友善故事	文化故事	美景故事	美食故事	生活品质故事
头部城市取样							
北京	0.855	0.998	1.000	1.000	1.000	0.988	1.000
上海	0.776	0.981	0.967	0.957	0.988	1.000	0.994
杭州	0.631	0.836	0.795	0.802	0.858	0.862	0.865
深圳	0.622	0.799	0.791	0.785	0.810	0.773	0.839
重庆	0.609	0.765	0.739	0.752	0.783	0.814	0.736
广州	0.606	0.806	0.791	0.792	0.792	0.837	0.817
成都	0.599	0.801	0.817	0.758	0.794	0.841	0.796
武汉	0.584	0.768	0.810	0.745	0.789	0.753	0.744
南京	0.563	0.776	0.793	0.761	0.786	0.764	0.778
天津	0.563	0.706	0.696	0.718	0.698	0.669	0.750
中段城市取样							
乐山	0.293	0.412	0.431	0.367	0.361	0.433	0.468
威海	0.290	0.425	0.451	0.376	0.393	0.341	0.565
安阳	0.286	0.398	0.516	0.350	0.315	0.326	0.485
鄂尔多斯	0.286	0.334	0.320	0.313	0.390	0.327	0.323
鞍山	0.286	0.416	0.366	0.373	0.409	0.343	0.592
十堰	0.286	0.312	0.318	0.267	0.270	0.233	0.470

续表

	CBII	生活故事指标均值	友善故事	文化故事	美景故事	美食故事	生活品质故事
上饶	0.284	0.347	0.302	0.283	0.296	0.300	0.557
汉中	0.284	0.336	0.459	0.373	0.332	0.346	0.168
三明	0.284	0.375	0.387	0.331	0.372	0.434	0.350
连云港	0.283	0.296	0.313	0.327	0.372	0.275	0.192
后段城市取样							
宣城	0.214	0.216	0.290	0.230	0.274	0.208	0.076
益阳	0.214	0.189	0.289	0.209	0.136	0.191	0.120
铜陵	0.213	0.186	0.232	0.203	0.193	0.221	0.079
周口	0.213	0.263	0.251	0.248	0.163	0.188	0.464
内江	0.211	0.281	0.286	0.234	0.208	0.251	0.428
忻州	0.211	0.189	0.226	0.220	0.220	0.198	0.079
驻马店	0.210	0.208	0.350	0.224	0.149	0.173	0.143
铜仁	0.210	0.185	0.185	0.225	0.144	0.210	0.159
许昌	0.209	0.283	0.325	0.250	0.154	0.212	0.472
吕梁	0.209	0.185	0.179	0.275	0.236	0.154	0.080

资料来源：笔者自制。

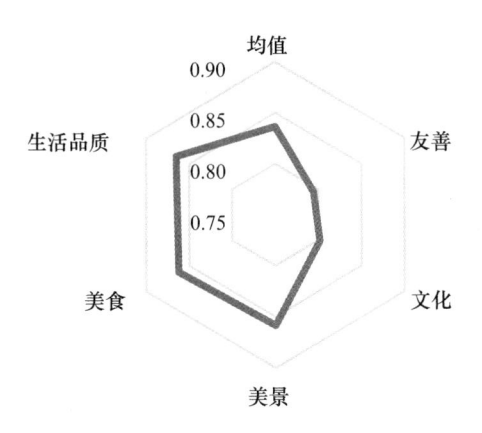

图 2-5 杭州城市生活故事指标值

资料来源：笔者自制。

表 2-5　CBII 不同分数段样本的城市发展故事指标对比

	CBII	发展故事指标均值	发展活力故事	发展信心故事	创新创业故事	营商环境故事	绿色发展故事
头部城市取样							
北京	0.855	0.987	0.934	1.000	1.000	1.000	1.000
上海	0.776	0.973	1.000	0.933	0.989	0.983	0.962
杭州	0.631	0.772	0.749	0.724	0.820	0.790	0.778
深圳	0.622	0.834	0.788	0.797	0.906	0.883	0.795
重庆	0.609	0.739	0.702	0.728	0.760	0.752	0.752
广州	0.606	0.789	0.758	0.777	0.814	0.821	0.774
成都	0.599	0.733	0.721	0.703	0.754	0.753	0.733
武汉	0.584	0.759	0.759	0.771	0.764	0.749	0.751
南京	0.563	0.731	0.708	0.710	0.767	0.737	0.732
天津	0.563	0.720	0.680	0.701	0.740	0.748	0.732
中段城市取样							
乐山	0.293	0.285	0.283	0.283	0.283	0.240	0.338
威海	0.290	0.361	0.354	0.314	0.410	0.357	0.370
安阳	0.286	0.271	0.248	0.255	0.286	0.258	0.308
鄂尔多斯	0.286	0.322	0.333	0.326	0.257	0.290	0.403
鞍山	0.286	0.366	0.359	0.319	0.368	0.363	0.419
十堰	0.286	0.267	0.249	0.252	0.248	0.293	0.293
上饶	0.284	0.250	0.245	0.221	0.264	0.229	0.294
汉中	0.284	0.303	0.282	0.301	0.305	0.287	0.339
三明	0.284	0.340	0.341	0.309	0.355	0.296	0.397
连云港	0.283	0.351	0.368	0.344	0.341	0.334	0.369
后段城市取样							
宣城	0.214	0.194	0.152	0.113	0.249	0.191	0.261
益阳	0.214	0.183	0.184	0.181	0.175	0.154	0.221
铜陵	0.213	0.204	0.177	0.161	0.247	0.210	0.223
周口	0.213	0.193	0.200	0.181	0.203	0.167	0.215
内江	0.211	0.190	0.202	0.165	0.186	0.154	0.242
忻州	0.211	0.173	0.194	0.159	0.172	0.135	0.205

续表

	CBII	发展故事指标均值	发展活力故事	发展信心故事	创新创业故事	营商环境故事	绿色发展故事
驻马店	0.210	0.217	0.183	0.223	0.212	0.243	0.225
铜仁	0.210	0.167	0.128	0.163	0.226	0.101	0.214
许昌	0.209	0.206	0.201	0.181	0.207	0.209	0.230
吕梁	0.209	0.254	0.231	0.282	0.278	0.188	0.291

资料来源：笔者自制。

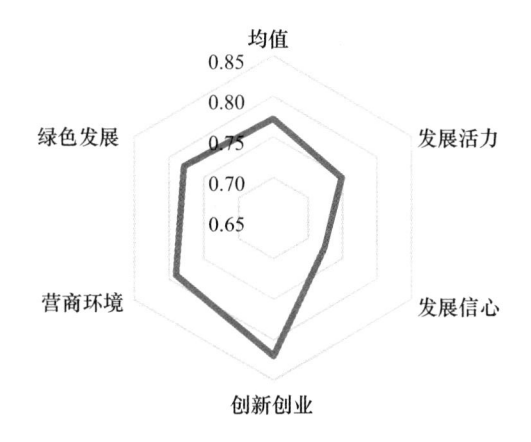

图 2-6 杭州城市发展故事指标值

资料来源：笔者自制。

8. 城市品牌与区域品牌的协同力不足，且严重分化

如前文所述，城市品牌与城市群品牌、省域品牌和都市圈品牌是畅通区域大循环的重要表征。近年来，中国区域品牌获得了较好的发展，但区域分化十分显著。同时区域品牌与城市品牌更有效的互动关联还有待加强。2021年省域品牌得分有升有降，但总体强度有限；城市群品牌得分出现降低，能够正向背书城市品牌的只有7个，较2020年减少了3个。而都市圈品牌在协同力方面也不够理想，部分都市圈中心城市的 CBII 和都市圈 CBII 均值有较大落差，表明中心城市的带动和外溢效应不足，比如北京都市圈、成都都市圈、西安都市圈和沈阳都市圈等（见图2-7）。

54　国家智库报告

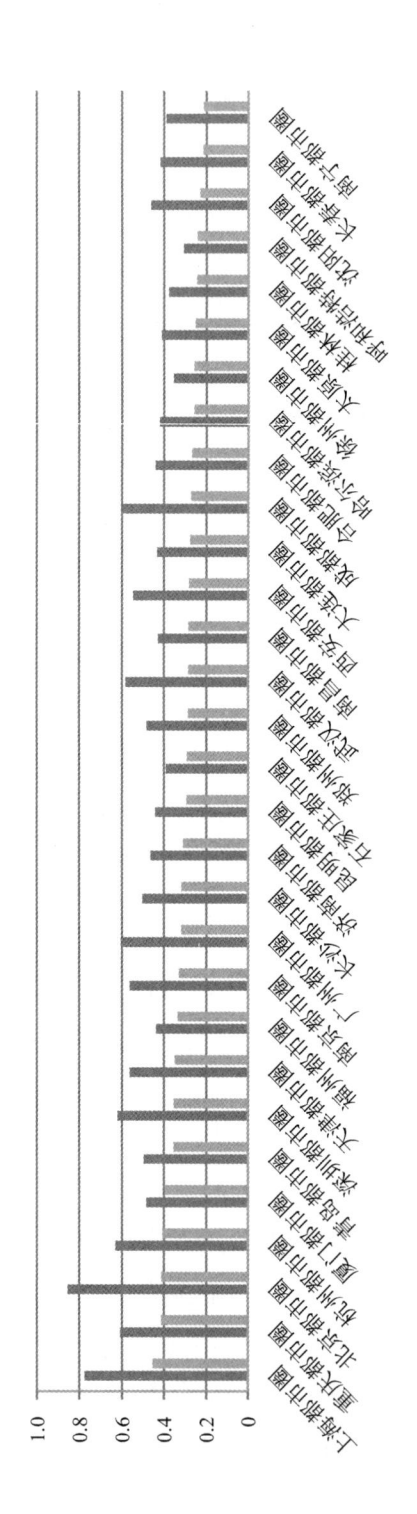

图2-7　30个主要都市圈的品牌协同力对比

9. 城市品牌影响力的结构失衡，背后是品牌治理存在缺陷

2021年，城市品牌影响力虽然表现出可喜的结构性改善，但总体来看仍不均衡。总体来看，城市发展战略目标与城市品牌目标的匹配仍不够清晰，导致品牌建设盲目发力、传播追求短期效应，无益于品牌影响力的可持续积累。特别是城市宜居品牌近年来成长乏力，成为城市品牌的短板，文旅品牌及品牌传播创新不足、活力有限；城市营商环境品牌虽然有较明显的改进，但又缺乏专业规划和品牌建设的支撑。城市品牌影响力的结构不平衡，其背后是城市治理体系和治理能力尚存在品牌治理的缺陷，亟待予以改进和提升。

10. 城市品牌作为城市高质量发展战略工具的认识有待深化，相关的公共政策供给和制度安排有待完善

构建新发展格局需要推动高水平开放、高标准市场体系和高效能的城市治理，进而加快迈向高质量发展，其核心是践行以人民为中心的发展原则，以不断提升市民的生活品质为根本诉求。因此，进一步扩展内需体系、更有效地扩大和满足消费需求是重要的战略出发点。本书认为，城市品牌建设面向人民对美好生活的需要，是一种需求导向的城市规划、建设和治理努力，其目标是从满足人民细分需求出发，更好地践行"五位一体"的发展模式，积极打造城市文化、旅游、投资、宜居等子品牌，同时不断优化城市品牌传播、打造区域品牌等。通过城市品牌的建设和发展，来推动城市迈向更高品质、更富特色的高质量发展道路。反过来，城市的高质量发展又能为城市品牌的持续发展注入更多的资源和更大的动力，有效强化城市品牌的建设，进而能够对人民美好生活向往和需要，不断给以切实的回应和满足。然而现阶段地方管理者对地区品牌推动高质量发展的意义认识还不够深入，仅少数城市把地区品牌建设写入中长期规划。此外，多数城市的

城市营销和品牌化经验还不够丰富，相关的治理机制与公共政策体系更需要大力提升和完善。

（四）城市品牌助力构建新发展格局：展望和建议

如前文所述，加快构建新发展格局，地区品牌化的理论和方法能够提供新的视角和新的助力。未来中国城市品牌、区域品牌的发展，应重点突出如下几个方面。

1. 构建新发展格局的地区品牌公共政策安排

当前，围绕城市品牌建设的公共政策供给普遍匮乏，各地的城市品牌建设行动带有很大的自发性和随意性，只有少数城市将品牌建设和管理纳入规范的地区公共政策范畴。事实上，城市品牌建设离不开地区公共政策的支持和保障，以确保城市品牌精神、原则和发展目标贯穿于跨部门、跨领域的城市行动之中。其中，公共政策的范围包括立法、城市规划、财政支持政策、税收鼓励政策以及各种协调机制的政策安排等。在加快构建新发展格局的背景下，城市品牌建设的公共政策供给更要进行扩展和深化。首先，政策的针对和协同层面不应仅局限于城市自身，视野应涵盖城市品牌与城市群、省域、都市圈及所辖县市乡镇的品牌网络化合作；其次，应制定多种形式的激励政策，鼓励相关行动者在推进"双招双引"、促进文旅融合、优化营商环境、提升宜居品质以及深化城乡融合等重点领域中彰显和塑造城市品牌形象，充分发挥品牌作为畅通国内大循环的助推器作用。

2. 围绕新发展格局，重构和提升地区品牌治理体系与治理能力

推进城市品牌建设需要有全市的、全域的和全局的战略思维。重构和提升城市品牌治理体系和治理能力，应重视以下工作重点。一是规划先行，城市品牌建设要有专项规划，用品牌语言重构城市的中长期发展规划，并以此作为品牌建设的抓手；二是重心前置，在规划、建设、宣传和管理这个品牌工作链条中，以往城市多以宣传为重心，容易陷入追逐热点和偏离战略目标的误区。所谓重心前置，就是将城市品牌工作的重点落在建设环节，比如重大项目、重大节会的策划、建设和建构等，将更有助于提升城市品牌后续宣传的内容质量和战略高度，打造城市不可复制的优势；三是密织网络，编织城市品牌的治理体系网络，广泛协同企业、社会组织和市民参与并与区域发展进行更好的联动；四是定期评估，鼓励网络体系成员的有序参与和表达，定期检视城市品牌建设的绩效与得失，及时调适和改进，从而真正让城市品牌建设步入良性发展的道路，助力提升城市综合竞争力。

3. 增强城市品牌韧性

建设韧性城市已成为中国"十四五"时期的重要战略要求。各地、各城市应在进一步加强规划和建设，切实提升城市文化韧性、经济韧性、社会韧性、环境韧性和形象韧性，进而打造更具韧性的城市品牌。第一，中国城市应进一步强化城市文化传承、发展与创新的氛围，努力开创以文化为内驱力的城市发展模式。特别是在城市规划与建设过程中，应当充分挖掘城市文化的价值，在社会治理、媒体传播、旅游开发和创新创业等领域突出文化建设的基础性作用，让城市文化筑起城市韧性的精神支撑，并让每一个市民都能成为城市文化建设的参与者、创造者和受益者。第二，推进供给侧结构性改革，优化经济结构，减少低效产能累积、不断创造城市发展新动能，同时着力增强产业链韧性和企业发展韧性，全面提升城市的经济发展韧性。第三，通过壮大中等收入群体、完善收入分配和社会政策体系等措施，提升社会包容度、和谐度和参与度，增强居民面对挫折的承受力和战胜困难的信心，努力提升居民的获得感。第四，结合城市的"双炭"行动，力争实现生产、生活、生态三大布局的统筹，构筑高效集约的生产空间，宜居适度的生活空间，山清水秀的生态空间，打造城市的环境韧性。第五，依托大数据技术手段，做好城市品牌形象的动态监测与及时反馈，更好地发掘城市品牌形象的资源、机遇和新的价值点，提升城市的形象韧性。

4. 进一步深化文旅融合

文旅融合是近年来文化和旅游发展的重要战略，各地在文旅融合发展方面大都取得了可喜的进展，同时也面临诸多困难和挑战。新冠肺炎疫情暴发以来，公共文化服务建设、文创产业发展及居民文化消费出现可喜的上升势头，城市文化品牌取得良好的成长，大大提升了中国城市品牌结构的均衡度，但文化品牌发展的稳定性还远远不足。旅游品牌一向是城市品牌的重要引擎，其带动城市品牌发展的成效有目共睹，也是城市品牌行稳致远的"压舱石"。尽管受到新冠肺炎疫情的严重冲击，但旅游业界仍表现出可贵的创新和突围努力，各种网红打卡地仍在涌现，"微旅游"、虚拟旅游等新业态也在快速发展。然而，除了疫情影响的不可抗力，如何破解旅游同质化竞争顽疾也是行业面临的重大挑战。未来应进一步激活城市文化基因在旅游产品创新和旅游服务拓展中的价值生态，围绕非遗文化、文化节会、文化产品乃至文化价值精神开发旅游休闲消费新场景，或将之有机地植入到旅游休闲的消费场景之中，通过有关各界搭建共同探索和协同努力的新机制，来不断推进文旅融合进程。

5. 着力打造营商环境品牌

营商环境品牌（投资品牌）是城市品牌的重要子品牌。当前各地大力优化营商环境成效显著，但营商环境的品牌意识和建设经验尚待提升。营商环境品牌建设需要有目标、愿景和特色的提炼，同时还应该有丰富的品牌组合，比如园区等产业载体、产业集群、明星企业、明星企业家、重大产业和招商节事等，应作为营商环境品牌的组合要素或下一级的子品牌来打造。也就是说，要在做好"放管服"、提升营商环境公共服务等规定动作的同时，着力推动一个并行匹配的品牌建设议程，以达到事半功倍的效果。其中，借助已经形成的城市标签的品牌资产，更好地打造城市营商环境品牌是一个重要思路。一是加强城市标签和城市品牌定位的关联，关联度越紧密，则品牌特色越突出。二是做好价值延伸，注重发掘城市标签、城市 IP 背后的价值资源。比如，"风筝之都"潍坊，其延伸的价值就是更高、更远和放飞梦想的创新创业品牌和营商环境品牌资源；"烟台苹果"的价值延伸，就是绿色和"双炭"产业前景、产业潜力的营商环境品牌资源；等等。三是做好典型场景塑造。围绕城市标签，打造城市的典型场景。其中，征集和打造城市典型场景本身也是一个重要的城市营销手段。在数字经济发展赋能下，会有更广的大众参与度。此外，营商环境品牌与城市的文化品牌、旅游品牌和宜居品牌密切相关，应充分利用城市文化底蕴、文化氛围的优势和特色，旅游和休闲的优势和特色，以及人居方面的公共服务和环境特色，变成招商引资的立体优势，以塑造更有吸引力的营商品牌。

6. 以人民为中心，促进城市高质量发展

城市品牌是市民共享的城市无形资产，它来源于城市的世代累积和当代创造，服务于市民福祉的提升。城市品牌建设就是一种以人的需求为中心的城市建设模式，包括如何更好地满足市民及城市顾客的文化审美需求、旅游观光需求、休闲怡情需求、投资兴业需求、创新创业需求、品质生活需求和城市认

同感的需求,努力达成城市文化、城市旅游、城市营商环境、城市宜居环境和城市形象传播的紧密联动,进而推动城市品牌迈向协同、均衡的高质量发展。因此,城市品牌建设可以说是城市践行以人民为中心发展模式的重要路径。未来在构建新发展格局、推进城市高质量发展的进程中,应该将城市品牌的"人民城市"价值理性更多地注入到品牌方法的工具理性之中,让城市品牌真正成为利益多赢的价值工程而不是投机博弈的形象工程。

三 城市文化品牌影响力指数报告（2021）

城市文化品牌是城市文化精神、价值体系和文化软实力的重要体现，也是城市利益相关者对其心理感知和情感认同的融合文化产物。2020年至今，受新冠肺炎疫情影响，游客出行半径变短、逗留时间变长，不断追求慢节奏、深入体验，重视品质享受，文化旅游已经成为游客就近出行的新喜好。当游客的脚步从走向远方转为探索身边的诗情画意，加快推动文旅融合、做深做精文化旅游，增强本土文化对旅游消费的带动力，应当成为旅游行业复苏、振兴的方向。

本部分主要从文化独特性、文化潜力、文化活力与文化吸引力四个方面对中国城市文化品牌影响力指数进行系统性综合评价。首先，文化独特性是城市树立品牌形象、获得差异化竞争优势的资源基础与发展标杆，其细分指标包括文化渊源、文化特色与独特性感知等城市文化特质；其次，作为城市文化成长空间、文化产业开发价值衡量的重要反映，文化潜力下设维度包括文化产业、文化氛围、友善气质等城市文化状态；再次，文化活力反映城市文化的可持续发展能力，涵盖文化影响力、文化创新、创新氛围等城市文化发展新指标；最后，从媒体、学界以及社会三个方面构建了舆论关注度、研究关注度、城市文化口碑文化吸引力测量体系。

（一）总体发展态势

1. 城市文化品牌影响力指数提升幅度最大，发展势头较猛

由图3-1可见，2021年，在城市品牌数据相较于2020年整体下降0.019的基础上，城市文化品牌影响力指数为0.274，相比2020年升高0.051，在文化指数、旅游指数、投资指数、宜居指数、传播指数这5个指标中，提升幅度最大，扭转了2020年得分较低的局面，与整体城市品牌指数之间的差距缩小。

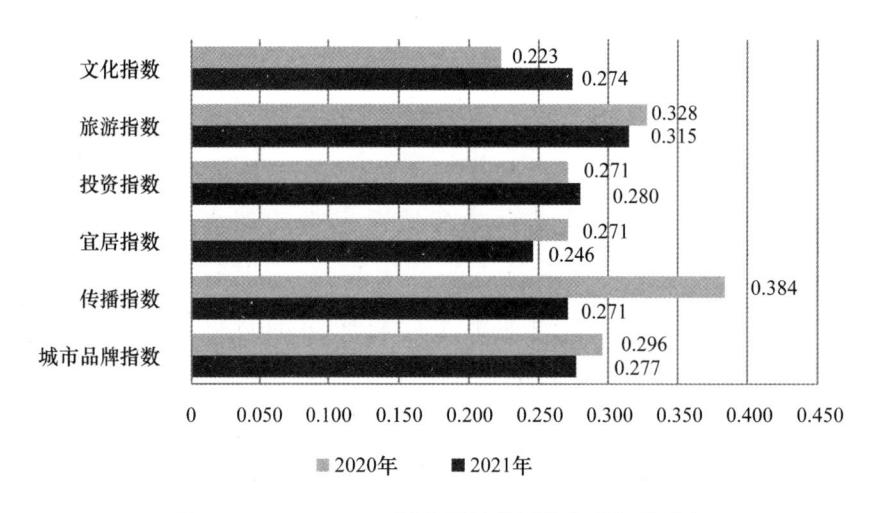

指标	2020年	2021年
文化指数	0.223	0.274
旅游指数	0.328	0.315
投资指数	0.271	0.280
宜居指数	0.271	0.246
传播指数	0.384	0.271
城市品牌指数	0.296	0.277

图3-1 2019—2020城市品牌数据及各项指数对比

资料来源：笔者自制。

由图3-2可见，城市文化品牌得分在0.1—0.4的最为集中，在该区间内的样本数有237个，占据样本总量的82.3%。与前两年相比，位于低分端的样本数量有较大幅度减少，位于中间端的样本数量有较大幅度增加。

2. 区域间城市文化品牌发展仍存在较大差距

由表3-1可见，2021年城市文化品牌影响力指数区域间仍

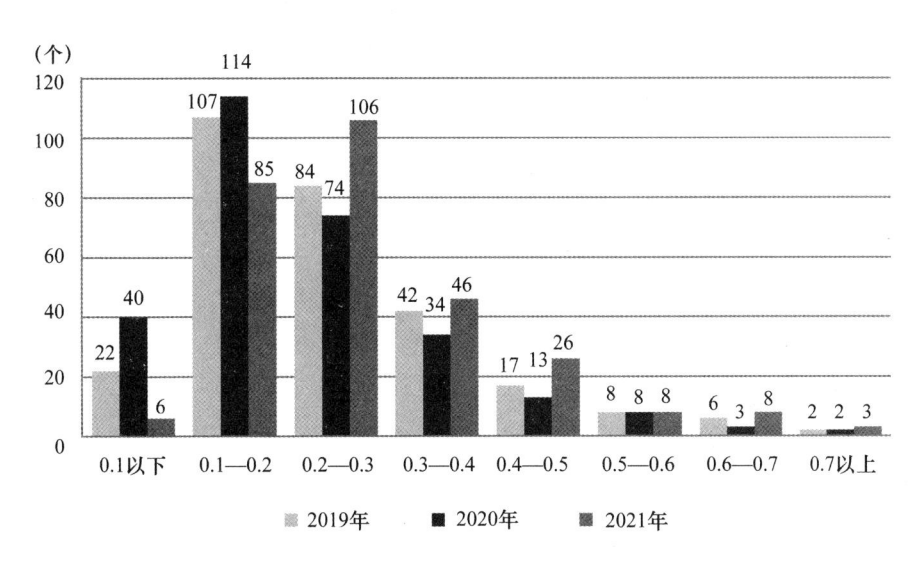

图 3-2 城市文化品牌影响力指数得分频数分布

资料来源：笔者自制。

存在较大差距，除香港、澳门外，国内七大区域的城市文化品牌影响力指数从高到低依次是华东、华北、华南、华中、西南、西北、东北地区，除华南地区较2020年有所提升外，其他区域与2020年一致。

从得分较高的亮点城市数量来看，所有地区与2020年亮点城市数量和得分最高城市保持一致。华东地区亮点城市数量遥遥领先其他区域，其中为首的上海城市文化品牌影响力指数为0.8003。

总体上看，国内七大区域与2020年城市文化品牌影响力指数相比，2021年的均值均有所提升，但区域间差距仍旧较大，华东地区无论是从区域均值上看还是从亮点城市数量上看都遥遥领先于其他区域，东北地区与中国其他区域仍存在较大差距，需要重点关注。

表 3-1　2021 年城市文化品牌影响力指数区域分析

	2021 年均值	2019 年均值	区域内得分最高城市	指数
华东地区	0.329	0.278	上海	0.8003
华北地区	0.281	0.222	北京	0.9048
华南地区	0.274	0.218	广州	0.6710
华中地区	0.264	0.218	武汉	0.6443
西南地区	0.256	0.199	成都	0.7172
西北地区	0.231	0.180	西安	0.6326
东北地区	0.192	0.166	沈阳	0.5162
其他地区	0.574	0.559	香港	0.6711

资料来源：笔者自制。

3. 头部城市间发展速度存在差异

2021 年，全国城市文化品牌影响力指数得分较高的城市与 2020 年一致，依次是北京、上海、成都、香港、广州、杭州、武汉、南京、西安、重庆。从城市文化品牌影响力指数上看，2021 年，这 10 个城市得分都比 2020 年有所上升，其中上升最大的是成都，其城市文化品牌影响力指数上升了 0.11。

表 3-2　2019—2021 年城市文化品牌影响力指数得分较高的城市

2021 年		2020 年		2019 年	
城市	得分	城市	得分	城市	得分
北京	0.905	北京	0.903	北京	0.922
上海	0.800	上海	0.720	上海	0.729
成都	0.717	香港	0.675	香港	0.676
香港	0.671	杭州	0.623	杭州	0.638
广州	0.671	成都	0.607	成都	0.634
杭州	0.671	广州	0.595	广州	0.621
武汉	0.644	武汉	0.585	南京	0.605
南京	0.638	南京	0.582	西安	0.605
西安	0.633	西安	0.577	重庆	0.595
重庆	0.632	重庆	0.575	天津	0.567

资料来源：笔者自制。

（二）区域发展分析

从 2021 年城市文化品牌影响力指数数据来看，东南沿海地区城市文化品牌影响力指数得分普遍较高。粤港澳大湾区、长三角、京津冀、珠三角、山东半岛以及成渝地区的表现都比较突出，西北及东北地区大多表现较差。

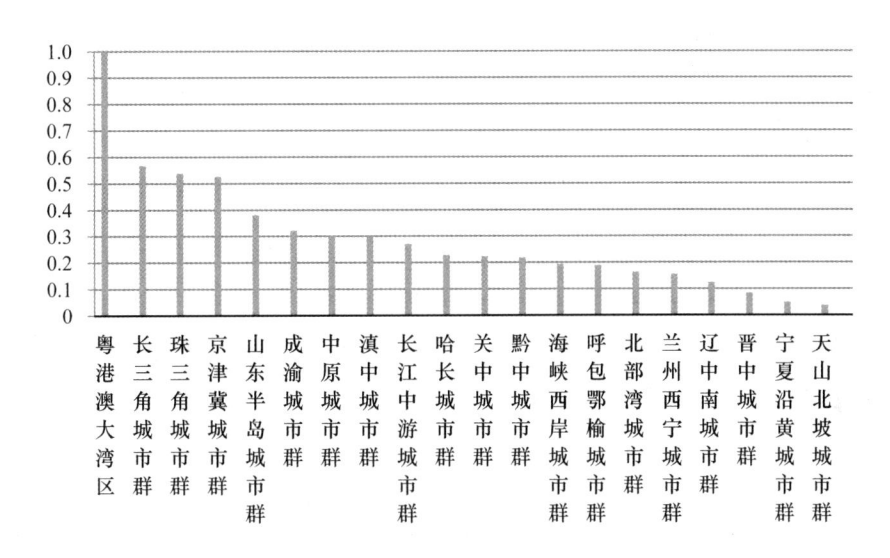

图 3-3　2021 年各城市群城市文化品牌影响力指数

资料来源：笔者自制。

1. 区域发展总体特征

华东地区发展均衡，整体水平在国内处于领军地位。通过表 3-3 可以看出，在其 77 个样本城市中，高于全国指数平均值的城市数量达到 48 个，占据样本总量的 62.34%。从省份上看，在华东区域内江浙沪地区的所有样本城市指数均高于全国指数平均值，带动作用明显，而江西、安徽两省份的城市稍有落后。

华北地区中京津冀城市群表现突出，有更多的文化潜力有待挖掘。从总体上看，区域内各个省（自治区、直辖市）发展较为不均衡，河北省虽然与北京、天津仍存在一定差距，但整体水平较好；山西省内存在较大发展差距；内蒙古自治区内城市整体表现在华北区域内较差，只有呼和浩特高于全国指数平均值。

华南地区与2020年相比，城市文化品牌影响力指数得分升高。珠三角城市群表现突出，广西壮族自治区的桂林市以及北部湾城市群表现也比较优异。从地理上看，华南地区远离珠三角城市群、远离北部湾城市群、远离广西桂林的城市普遍上文化品牌影响力指数低于邻近以上区域的城市。由此可见，文化品牌影响力指数高的城市群对周边城市文化品牌构建的带动作用明显。

华中地区文化独特性有所欠缺。华中地区整体差距较小，但区域内龙头城市不够突出。区域内高于全国文化品牌影响力指数平均值的城市均属于中原城市群和长江中游城市群，可见城市群对文化品牌打造具有一定影响力。

表3-3　　2021年城市文化品牌影响力指数区域均值比较分析　　（单位:%）

	文化品牌影响力指数	样本数	与全国指数平均值比较			
			高于平均值城市数		低于平均值城市数	
			个数	占比	个数	占比
华北地区	0.279	33	13	39.39	20	60.61
东北地区	0.192	34	6	17.65	28	82.35
华东地区	0.329	77	48	62.34	29	37.66
华南地区	0.274	37	16	43.24	21	56.76
华中地区	0.264	42	13	30.95	29	69.05
西北地区	0.231	30	10	33.33	20	66.67
西南地区	0.256	33	9	27.27	24	72.73

资料来源：笔者自制。

东北地区仍然是全国七大区域中文化品牌影响力指数较低的区域，仅有6个城市的文化品牌影响力指数高于全国平均值，且得分基本集中在0.29—0.46，远远落后于其他六个区域，东北地区仍需深入挖掘区域内文化资源，打造具有东北特色的文化品牌。

2. 文化品牌分项指数

华东地区的各分项指数得分均较高，城市文化品牌发展十分均衡，其中文化活力部分的表现尤为突出，可见华东地区的文化影响力深远、文化创新氛围浓厚。

华北地区的文化独特性、文化潜力、文化吸引力总体表现较好，其中，文化活力和文化吸引力得分高于该地区文化品牌得分，可见华北地区的城市文化影响力和文化创新氛围较好。

华南地区文化活力得分较高，但在文化独特性方面有所欠缺，得分仅为0.193。因此文化品牌方面文化渊源的深入以及文化特色的挖掘对于华南地区尤显重要。

华中地区在文化独特性方面有所欠缺，除了武汉、长沙、洛阳、开封三个城市的文化独特性指标大于0.5，其他城市基本上都表现平平，且文化潜力指数低于0.2，在今后的发展中，华中地区应重点考虑城市文化特色的培育。

西南地区的城市文化品牌指数得分较低，除了成都、重庆两个亮点城市外，其他城市的发展并不理想，与区域亮点城市之间仍存在较大差距。此外，像云南丽江、普洱等文化氛围浓厚的古城，其文化品牌指数低于0.3，可见其在文化潜力和文化活力方面仍有较大的发展进步空间。

西南地区文化独特性得分较低，文化活力和文化吸引力是短板。西南地区作为少数民族聚居地，在地区文化独特性方面具备得天独厚的优势，如何利用这个优势发展文化产业是值得探究的问题。

表 3-4　2021 年城市文化品牌影响力指数分项指标比较分析

	文化独特性	文化潜力	文化活力	文化吸引力
华东地区	0.257	0.237	0.467	0.355
华北地区	0.214	0.211	0.361	0.338
华中地区	0.202	0.189	0.360	0.305
华南地区	0.193	0.192	0.390	0.321
西南地区	0.204	0.188	0.343	0.287
西北地区	0.189	0.181	0.297	0.256
东北地区	0.120	0.156	0.254	0.236

资料来源：笔者自制。

西北地区西安一枝独秀，区域整体表现相对落后。在西北地区的 30 个样本城市中，高于全国指数平均值的有 10 个，其中，陕西的城市占据 60%。总体上看，西北地区除了西安的文化品牌指数为 0.633，绝大部分城市得分聚集于 0.1—0.3。

西北地区的四项指标得分在七大区域中均位于下游，文化活力和文化吸引力得分略高于其他两个分项，要想促进西北地区的城市文化品牌发展，需要整合提升，提升丝绸之路品牌价值，提高文化品牌知名度。

东北地区的四个分项指标得分都较低，地区总体文化品牌发展水平落后于其他地区。其中，文化独特性差距最大。

（三）数据聚焦发现

1. 活力突出，吸引力平稳，潜力紧随，独特性较低

由图 3-4 可见，在城市文化品牌影响力指数的分项指标中，文化活力相对较高，文化吸引力与城市文化品牌影响力指数的曲线基本持平，文化潜力紧随且较低于文化吸引力，而文化独特性得分相对较低。

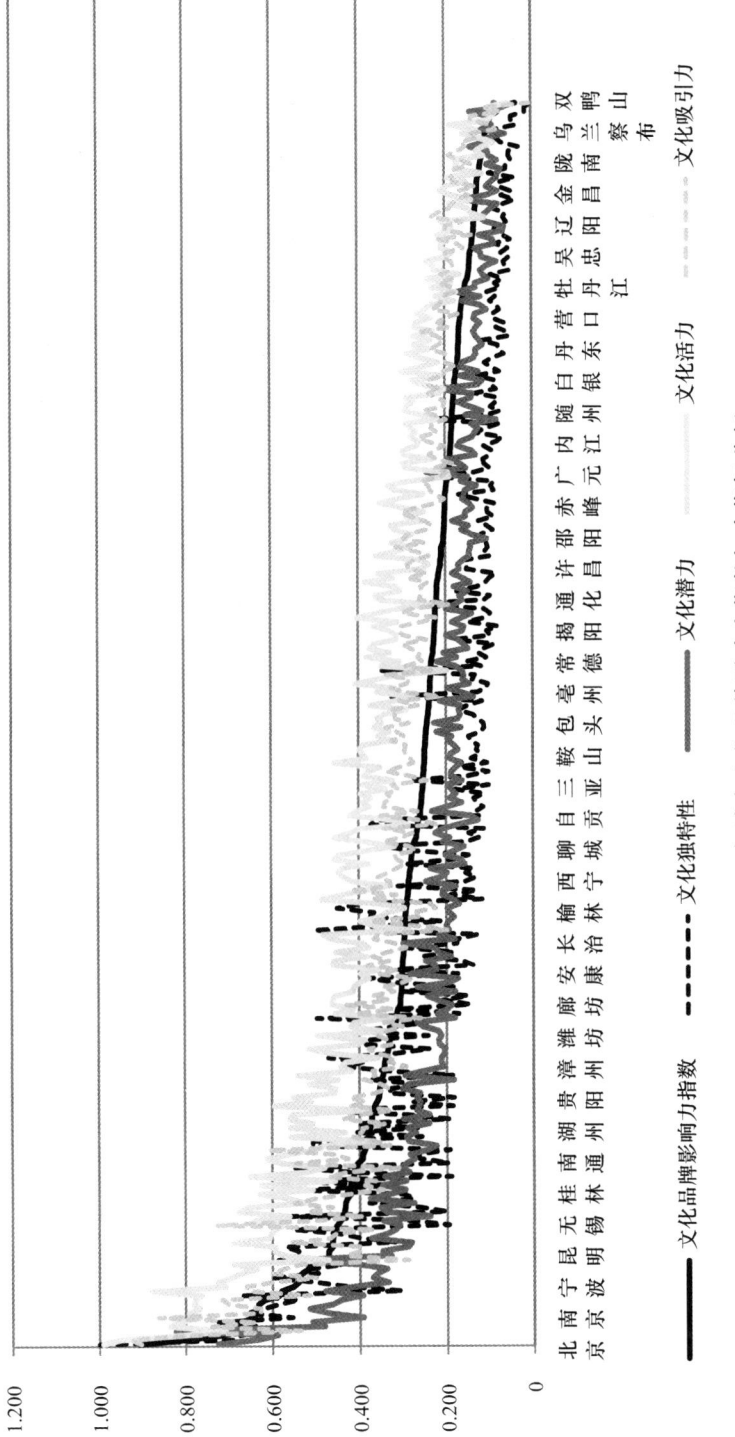

图 3-4　2021 年城市文化品牌影响力指数相应指标分析

资料来源：笔者自制。

2021年，全国城市的文化活力指标平均值达到0.373，远高于其他三项指标，在城市文化品牌影响力指数的四项指标中得分最高。与2020年相比，文化活力指标上升了0.053，由此可见，过去一年，中国城市的文化创新、文化影响力和创新氛围有所进步。2021年，全国城市的文化吸引力指标平均值是0.310，也是与城市文化品牌影响力指数基本持平的一项指标。从得分较高的100个城市的平均值和全国城市平均值的对比来看，文化吸引力指标相对平稳。由图3-4可知，文化独特性的曲线基本低于城市文化品牌影响力指数，且城市间的文化独特性指标差异较大，由此可见各城市在文化渊源、文化特色的塑造与宣传的表现上存在较大差距。全国城市文化潜力指数平均值是0.204，由图3-4可见，文化潜力的曲线紧随文化吸引力曲线，表现相对平稳，得分较高的100个城市的文化潜力平均值为0.306，普遍较低。

表3-5　　2021年城市文化品牌影响力指数分项指标平均值

	城市文化品牌影响力指数	文化独特性	文化潜力	文化活力	文化吸引力
全国城市平均值	0.274	0.209	0.204	0.373	0.310
得分较高的100个城市平均值	0.418	0.378	0.306	0.546	0.442

资料来源：笔者自制。

2. 不同区间城市文化品牌影响力指数波动较为趋同

全国288个样本城市中，不同区间段的城市文化品牌影响力指数均值在经历过前一个周期的全面下降之后，2019—2021年不同区间的城市文化发展指数均有所提升，且波动与总体波动基本趋同，基本都在0.4—0.6，说明城市文化发展在新冠肺炎疫情影响之后稳步回升。

3. 文化品牌影响力指数与独特性、活力关联性较强

以城市文化品牌为因变量，文化独特性、文化潜力、文化活力、文化吸引力四个维度作为自变量，分别在不同区间段进行线性回归，并选取标准化系数作为指标衡量作用程度进行对比分析。经过对比分析可以发现，在不同区间段中文化独特性的标准化系数均高于0.3，在4个指标中属于对城市文化品牌影响力指数影响力较高的指标，且该现象在全国城市文化品牌得分较高的50个城市中表现最为突出。文化吸引力因素随着样本的增加逐渐下降，而文化活力因素随着样本的增加逐渐升高，在全国城市中超越文化独特性、文化潜力、文化吸引力成为城市文化品牌影响力重要因素。

（四）中国城市文化品牌发展的实现路径与建议

通过前文的分析，中国城市文化品牌发展存在区域发展不平衡，得分水平差异明显；旅游营销能力弱，品牌知名度有待提高；文化活力强势发展但文化潜力支撑不足；具体城市文化品牌体系建构不完善等诸多问题。为解决现存问题，加强各城市的文化品牌建设，提高国家文化软实力，形成可借鉴可复制的城市文化品牌提升模式，在现实情况和前人研究的基础上，本书将实现路径概括为城市文化品牌发展"五力"模型，即特色文化供给力、文化产业竞争力、文化传播创新力、区域协同带动力、文旅融合支撑力。

1. 特色文化供给力：挖掘和延续城市文化资源长处，加强城市文化内核建设

中国各个城市都拥有丰富的文化资源，或悠久的历史文化，

或多彩的民族文化，或特色的风俗习惯，或当地人民的性格特点，这些区别于其他区域的文化在日积月累中影响着城市的发展，形成了城市的文化内核。城市文化的内核建设难以简单地依靠产业化发展或短期建设来实现，而更多的是在长期积淀中表现出来的底蕴和光晕，通过城市文化这个综合体向一代代居民以及外界弥散。

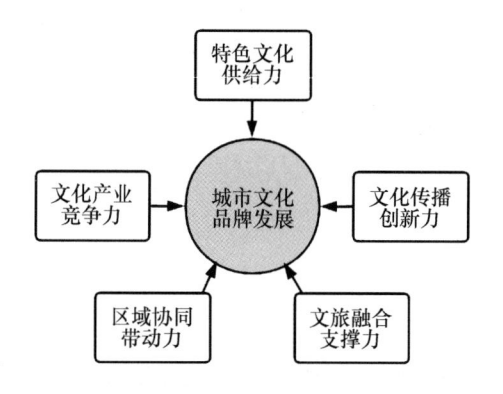

图3-5　中国城市文化品牌发展"五力"模型

在2021年的文化独特性分项得分中，有191个城市得分低于平均分，占比66.32%，这说明大部分城市并没有找到文化资源长处，文化内核建设有待加强。各个城市应当在综合整理当地文化资源的基础上，围绕文化自信这一战略目标，坚持古为今用、观古验今、古今合璧，推动传统文化扬弃继承、转化创新、丰富再造，构建独特的城市文化内核，提高特色文化供给力。

2. 文化产业竞争力：推动整合文化产业链，加强打造文化产业整体实力

2021年6月文化和旅游部出台了《"十四五"文化产业发展规划》，指出中国当前文化产业自身发展的质量效益还不够高，产业结构还需优化，文化产业和旅游产业融合不够深入，文化企业整体实力偏弱，创新创意能力和国际竞争力还不强，文化经济政策有待完善落实。

要推动文化产业高质量发展，不仅要健全现代文化产业体系和市场体系，以政策推动各类文化市场主体发展壮大，培育新兴文化业态和文化消费模式，不断激发文化创新创造活力。同时，文化市场自身还要推动整合文化产业链，形成文化产业集群，不断扩大文化产业规模和文化产值，最终实现文化产业整体实力的不断增强。

3. 文化传播创新力：把握当代文化发展新潮流，促进传播媒体深入融合

在数字时代，各个城市的传统媒体都已经有了"两微一端"，也都会有意识地发布和推介本地的文化特色景观和产品，但无论是质量还是影响力，都仍然有待加强。

质量方面，要在精准把握城市文化内核的基础上，紧跟数字时代文化发展新潮流，系统性谋划、整体性推进现代传播能力建设，构建以内容建设为核心的文化品牌运作体系。影响力方面，推动传统媒体与自媒体深入融合，将资源优势转化为互联网上的传播优势，发挥自身在城市地方文化内容发掘、旅游市场规范以及社会舆论导向方面的作用，在互联网时代的信息洪流中找到自身定位，以新思维和新科技提高文化传播的效能，塑造正面形象，扩大文化影响力。

4. 区域协同带动力：发挥城市群的带动作用，加大城市间合作共赢

区域是文化发展的载体和空间，区域协调，活力迸发区域协作带动，要突出差异性、统一性、共赢性原则，形成行政层面、制度层面、企业层面的文化协调和交流沟通机制。应根据区域城市经济社会发展现状和文化要素资源特点，通过制定合理的区域文化产业发展规划，引导文化产业科学发展。通过移动网络技术使在场服务转变为在线服务，通过互联网交易平台、在线技术等打开区域外部市场，实现区域间文化资源无障碍自由配置。

城市群对周边较大城市的文化发展具有明显的带动作用，应进一步发挥其区域带动作用，辐射到中小城市和农村地区，达到拓展文化协调空间，丰富文化协调内容，形成规模集聚合力，优化文化协调品质，提升文化协调效率的目的。

5. 文旅融合支撑力：促进文旅深度融合，实现文化的传承和创新

旅游凭借坚实的市场基础、多样的表现形式和丰富的精神体验，逐渐融入人们的日常生活，已经成为当代人生活中不可或缺的一部分。有言道，"以文塑旅，以旅彰文"，文化引领旅游发展，旅游促进文化繁荣，文化和旅游相得益彰，在文旅融合中实现文化的传承创新是值得深入探究的一个话题。

在城市文化发展过程中，要探索文化和旅游相互融合的新形式，围绕地区特色打造文化旅游标签，让传统文化、现代文化与旅游业相融合，着力打造一批文旅融合发展示范区，打造能够深度体验、感受城市生活的旅游新地标，续力城市文化品牌吸引度，推动城市文化品牌形成长久持续的发展能力。

四　城市旅游品牌影响力指数报告（2021）

2021年，虽然新冠肺炎疫情已经得到有效控制，文旅行业也已逐渐恢复，但是疫情对文旅行业影响的滞后性逐渐显现出来，文旅行业发展整体水平较2020年略有下降。文化旅游产业作为经济社会的重要构成部分，在国家出台相关政策扶持和行业积极展开自救的情况下，长期向好势头不可逆转，它仍将是中国国民经济的重要增长点。自2015年始，"全域旅游"以燎原之势在全国蓬勃发展。2018年被国家确定为"美丽中国·2018全域旅游年"。2018年3月22日，国务院办公厅发布《关于促进全域旅游发展的指导意见》，标志着全域旅游正式上升为国家战略，是大众旅游时代中国旅游业发展战略的一次新提升。2020年全国文化和旅游厅局长会议正式释放了2020全域旅游再出发的信号，这意味着全域旅游创建将正式步入常态化和机制化的轨道。2021年9月28日，国务院新闻办公室发布《中国的全面小康》白皮书，指出：中国正在进入大众旅游时代。

全域旅游已经成为一项国策，形成了社会参与、全民关注的良好格局。成为旅游业内外的普遍共识和推进新时代旅游业发展的重要理念。因此，要持续推进全域旅游又好又快发展，把绿水青山建得更美，把金山银山做得更大。积极推进城市旅游品牌建设，打响城市旅游品牌，从资源挖掘、形象塑造、项目推进、立体营销、产业融合等方面发力，打造精品旅游品牌，激发城市发展潜力。

本部分主要从旅游人气、旅游吸引力、旅游发展效益、旅游营销传播四个方面对中国城市旅游品牌影响力指数进行系统性综合评价。首先，旅游人气意味着游客对于城市旅游目的地的直接认可，是衡量城市旅游知名度的重要标志，是城市旅游品牌的重要表征，主要通过城市吸引的游客数量加以体现；其次，旅游吸引力主要指城市较为知名的自然与人文旅游资源，是旅游业发展的核心依赖，也是旅游品牌的塑造的有效物质载体，以知名景区和非物质文化遗产为评价标准；再次，旅游发展效益，反映的是城市旅游目的地的成熟程度，意味着城市旅游品牌营销网络的完善与健全，体现为城市旅游的各项收入及其增长情况；最后，旅游营销传播为城市旅游品牌知名度的扩大和提升提供了有效的媒介，移动互联时代下城市旅游在纸媒和互联网上的曝光率是营销传播能力最为直接的体现。

（一）总体发展态势

1. 总体发展态势：水平不高，强弱分化

通过对2021年288个样本城市的旅游品牌影响力指数数值分析可以看出，中国城市旅游品牌发展水平较低，其指数得分平均值为0.315，中位数值为0.300，均不足0.5，与2020年的数据相比，均有所下降。从结构上来看，在这288个样本城市中，基本呈现正态分布，得分在0.3—0.4的城市数量最多，有144个，得分高于平均值的城市数量与2020年相比，增加了16个，达到135个。各地打造旅游品牌的力度持续增加，北京、上海、杭州、重庆、成都等发达旅游城市品牌影响力指数仍稳居前五，旅游品牌影响力持续扩大。

如图4-1所示，通过数据分析可以看出，中国旅游品牌发展水平较高的城市较少，得分在0.5以上的城市只有17个，与

2020年个数一样,仅占总体的5.90%,其中得分在0.6及以上的城市有5个,得分不足0.5的城市却有271个。具体来看,北京的旅游品牌发展水平最高,其指数得分为0.8669,较2020年略微下降了0.002,在旅游吸引力与旅游营销传播两个指标上仍旧获得满分;其次分别是上海和杭州,得分反超重庆分值分别为0.7071与0.611,上海得分与2020年相比,增加了0.0205,杭州得分也比2020年增加了0.0366;重庆与成都分别得分0.6585与0.6288,重庆得分较2020年下降了0.0594,成都得分同2020年一样。上述五个城市的旅游品牌得分均大于0.6,明显高过其他城市。武汉得分为0.5914,跌出0.6,下降了0.0269。得分低于0.2的城市有锦州、鹤壁、黑河、许昌、随州、吴忠、汕尾、固原、辽阳、铜川、淮北、葫芦岛、阜新、巴彦淖尔、白城等35个城市,多为西北和东北地区城市。

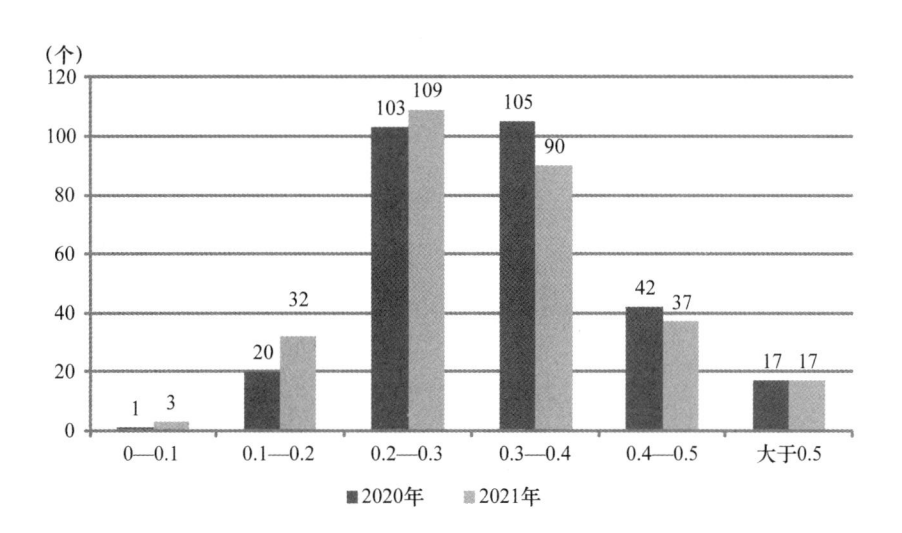

图4-1 城市旅游品牌得分频数分布

资料来源:笔者自制。

2. 区域发展特征

其一,非均衡格局持续,东北、华中、西北、西南地区呈上升态势。长期以来,中国城市旅游品牌发展水平基本上体现为"东强西弱、中南均衡、西北落后、东北塌陷"的格局。因为新冠肺炎疫情影响效果的滞后性，2021年的数据与2020年相比，华北、华东、华南地区整体呈下降趋势，但东北、华中、西南地区呈上升态势，尤其是东北地区，打破了持续走低的僵局。从总体上看，全国整体态势向好。

由图4-2可见，西南地区的城市旅游品牌以微小的优势超过华东地区，得分为0.340，华东地区得分为0.330，华北地区以0.328的得分紧随其后。从得分情况看，西南、华东、华北地区位居中国城市旅游品牌发展水平的第一梯队，但整体得分相较于2020年都有所下降；华中和华南地区位列第二梯队，其指数均值分别为0.319和0.313，西北地区与东北地区属于第三梯队，城市旅游品牌发展水平都较为落后，得分均低于平均值0.315，分别是0.310和0.298，但西北地区作为丝绸之路旅游带城市群的主要分布区域，在2021年其整合品牌传播效能不断增强，较2020年数据增幅较大，东北地区增长也较为显著，均呈现出较好的发展态势。

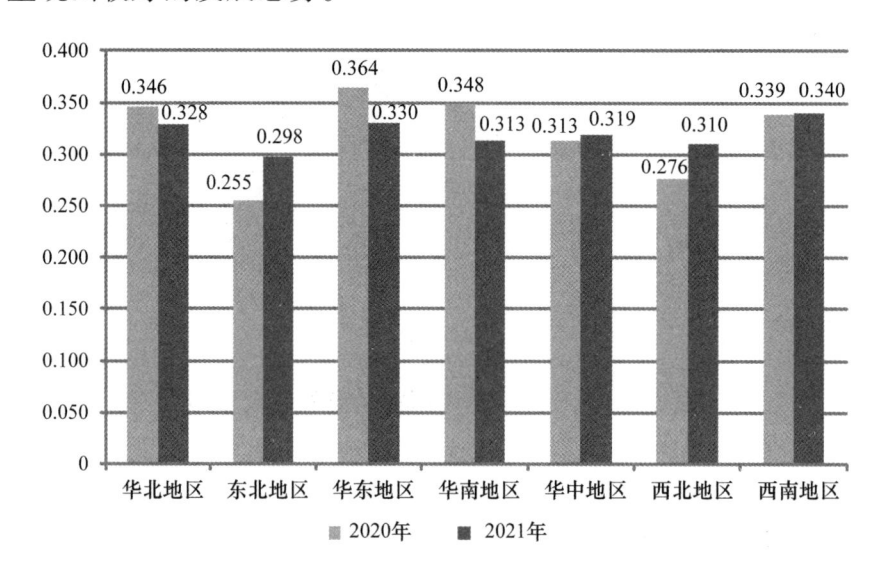

图4-2 城市旅游品牌发展水平区域均值

资料来源：笔者自制。

从表4-1中中国旅游品牌发展水平50强城市的区域分布来看,华东地区有24个城市入围,增加了4个城市,上饶与九江重回50强,赣州与丽水加入50强行列,显示出第一梯队城市间竞争仍较为激烈。华南地区7个城市入围,其中海口冲进50强;西南地区6个城市入围,乐山与遵义新加入50强,且重庆、成都表现都较为亮眼;华中地区5个城市入围,新增十堰入围,洛阳进入20强,发展势头强劲;东北地区占4席,其中长春进入20强,吉林跌出50强。华北地区仅3个城市入围,除北京以外,其他城市均有不同程度的下降,其中太原、保定、大同遗憾落选,京津冀一体化任重道远。西北地区仅西安1个城市入围,乌鲁木齐、兰州均跌出50强。可见,50强城市分布与中国城市旅游品牌发展水平的区域格局略有不同。

表4-1　　　　中国旅游品牌发展水平50强城市的区域分布

	数量	城市
华北地区	3	北京、天津、石家庄
东北地区	4	长春、哈尔滨、沈阳、大连
华东地区	24	上海、杭州、苏州、南京、宁波、厦门、青岛、嘉兴、温州、南昌、济南、金华、绍兴、福州、湖州、黄山、合肥、台州、上饶、无锡、赣州、九江、泉州、丽水
华中地区	5	武汉、洛阳、长沙、郑州、十堰
华南地区	7	广州、深圳、桂林、南宁、三亚、佛山、海口
西南地区	6	重庆、成都、昆明、贵阳、乐山、遵义
西北地区	1	西安

资料来源:笔者自制。

其二,华北、华东及西北地区存在较大的区域内部差异。从表4-2可以看出,中国华北、华东、华中及西北地区的城市旅游品牌影响力指数标准差和变异系数均较高，四大区域标准差均大于或邻近0.1，从变异系数看，华北和西北地区变异系数均大于0.30。其中，从极差值来看，华北地区的极差值最高，少数大城市"独占鳌头"，中小城市望尘莫及。

表4-2　　中国城市旅游品牌影响力指数特征的区域描述

	城市数量	平均值	标准差	变异系数	最大值	最小值	极差
华北地区	33	0.328	0.105	0.320	0.867	0.156	0.711
东北地区	34	0.298	0.089	0.299	0.495	0.040	0.455
华东地区	77	0.330	0.098	0.296	0.707	0.173	0.534
华中地区	42	0.319	0.092	0.289	0.519	0.153	0.366
华南地区	37	0.313	0.089	0.285	0.563	0.144	0.419
西南地区	33	0.340	0.088	0.257	0.659	0.214	0.445
西北地区	30	0.310	0.093	0.301	0.566	0.114	0.452
总体	286	0.315	0.113	0.359	0.867	0.040	0.827

资料来源：笔者自制。

华北地区标准差与变异系数双双高居首位，说明该地区城市旅游品牌发展相当不均衡，其中北京、天津发展十分突出，除此之外其他城市发展较为逊色。从总体来看，华南与西南地区城市旅游品牌影响力指数标准差和变异系数均维持了较低的数值，这些地区城市间的旅游品牌发展基础与发展水平整体差异并不明显，处于均衡发展的良好态势，西南地区的标准差和变异系数最低，分别为0.088和0.257，在区域旅游品牌一体化发展领域表现最好。

（二）数据聚焦分析

1. 核心城市优势明显，文化带动作用亮眼

由表4-3可见，从城市旅游品牌影响力指数总体指标以及

旅游人气、旅游吸引力、旅游发展效益以及旅游营销传播四个分项指标数值来看，得分较高的多为直辖市或一线城市。与2020年相比，发展指数10强城市中，新增了南京，天津跌出10强。北京、上海、杭州、重庆、成都得分仍较高。

表4－3　　　　城市旅游品牌影响力指数得分较高城市

旅游品牌影响力指数	旅游人气	旅游吸引力	旅游发展效益	旅游营销传播
北京	上海	北京	长春	北京
上海	北京	重庆	洛阳	上海
杭州	杭州	上海	上饶	杭州
重庆	成都	杭州	襄阳	深圳
成都	武汉	苏州	杭州	广州
武汉	西安	成都	武汉	重庆
苏州	南京	黄山	赣州	成都
南京	重庆	沈阳	宁波	武汉
西安	天津	南京	百色	南京
广州	深圳	洛阳	乐山	西安

资料来源：笔者自制。

从分项指标来看，北京依旧表现突出，在旅游吸引力、旅游营销传播方面获得满分。在旅游发展效益方面，长春表现十分亮眼，在振兴东北以及汽车产业的带领下，得分升高；洛阳凭借在河南卫视中展现出的深厚的文化底蕴与精致的文化表演，旅游发展效益得分升高，但在其他方面表现较为一般。上海在旅游人气、旅游吸引力及旅游营销传播方面均表现强劲，总体发展指数得分较高。杭州的各项表现不及北京、上海突出，但属于全面发展型城市。重庆在旅游吸引力方面表现依旧亮眼，但在旅游人气、旅游发展效益和旅游营销传播方面得分与2020年相比，整体水平下降。成都除旅游发展效益不明显以外，其他方面稳步发展。

2. 指标间差异显著，吸引力与营销传播亟须提升

由表4－4可见，在城市旅游品牌分项体系中，旅游发展效益与旅游人气得分均值相对较高，可见当前阶段，全域旅游、大众旅游全面普及，乡村旅游、体育旅游、康养旅游等小众旅游发展强劲，旅游成为满足人民群众更多美好生活需要的有力手段和便捷途径，旅游活动成为大众喜爱的休闲娱乐活动，各旅游城市因此获益，取得较为理想的旅游发展效益。但东北地区的旅游发展效益与旅游人气得分均值都较低，未来提升空间较大。旅游营销传播整体分值低于旅游发展效益与利用人气，说明城市旅游品牌的营销与推广方面还有一些可以优化的空间，在信息快速传递与更替的互联网时代，如何精准识别城市品牌定位，采用独特且有效的营销手段，提升城市品牌知名度是各城市亟待解决的问题。此外，旅游吸引力是四项指标中表现最弱的一项，各区域旅游吸引力得分均值远低于其他三项，说明各城市在打造特色旅游吸引物，丰富旅游业态，完善旅游服务方面还存在欠缺，因地制宜，进一步加强旅游文化领域的供给侧改革，大力推进"旅游＋"和"＋旅游"，建设建成完整的旅游产业链。

表4－4　　　　中国城市旅游品牌发展指标的区域描述

	总体	旅游人气	旅游吸引力	旅游发展效益	旅游营销传播
华北地区	0.325	0.393	0.075	0.470	0.363
东北地区	0.293	0.356	0.060	0.443	0.315
华东地区	0.325	0.393	0.073	0.471	0.364
华中地区	0.319	0.387	0.068	0.466	0.354
华南地区	0.325	0.393	0.072	0.471	0.364
西南地区	0.324	0.391	0.072	0.470	0.361
西北地区	0.308	0.374	0.064	0.455	0.338

资料来源：笔者自制。

3. 吸引力及营销传播呈现出偏态分布，其他正态分布

通过 SPSS 软件绘制城市旅游品牌影响力指数的各项指标直方图（见图 4-3），可以发现旅游人气、旅游发展效益两项指标均呈现出正态分布的态势，旅游人气和旅游发展效益两类指标分布较为均衡，但低分城市还有较大的提升空间。

旅游吸引力及旅游营销传播呈现出偏态分布的态势，旅游营销传播有较为明显的差异，指数得分偏低，而旅游吸引力频数分布则明显有所差异，指标得分普遍较低且过度集中，这两类指标是城市旅游品牌发展需要共同努力改善的重点方面。

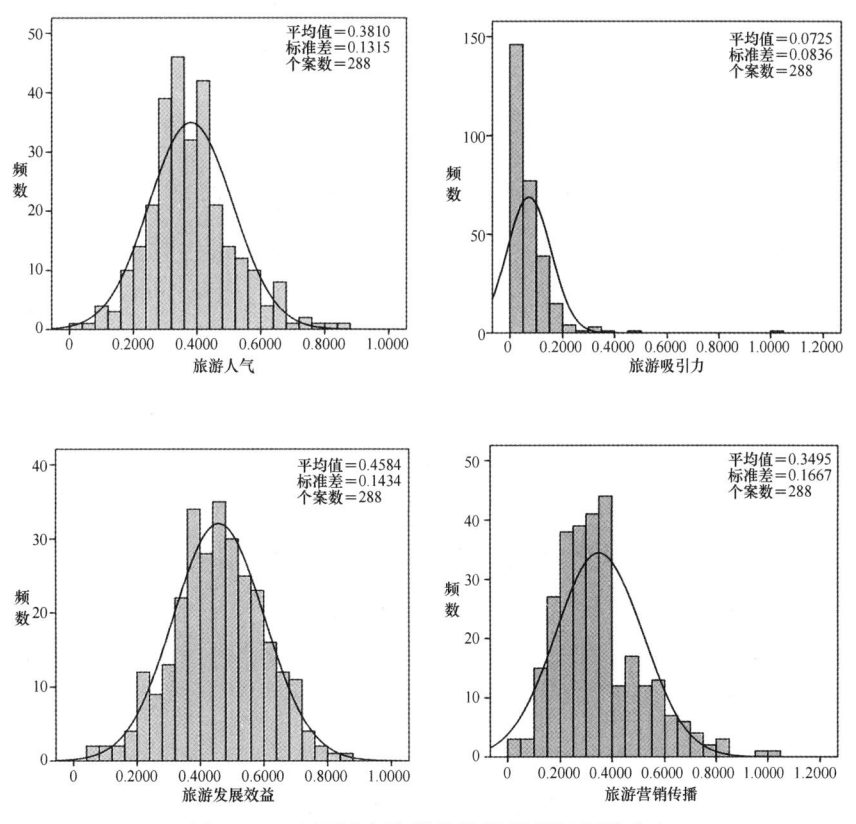

图 4-3 中国城市旅游品牌发展指标频数分布

资料来源：笔者自制。

（三）中国城市旅游品牌发展的问题与挑战

1. 旅游品牌影响力整体下降，疫情影响滞后性显现

通过数据分析发现，2021年城市旅游品牌影响力总指数较2020年整体下降，各分项指标得分也有所降低。自新冠肺炎疫情暴发以来，文旅行业遭受巨大打击，相关企业也遭遇极大考验，对比2020年数据来看，疫情影响的滞后性开始显现，其中华北、华东以及华南地区受影响最大，城市旅游品牌发展水平区域均值分别下降0.018、0.034以及0.035。本就是旅游大省，旅游产业占经济比重较大，所以损失较为惨重。今后，如何在疫情平稳及小规模暴发中重拾旅游产业，安全有效地恢复旅游行业成为这些地区的重点工作。

2. 旅游吸引力不足，旅游营销传播后续力不足

根据前文分析可知，中国城市旅游品牌指标的四个分项指标中，旅游吸引力及旅游营销传播表现较弱，其中旅游吸引力指标由世界文化遗产、国家级非遗、省级非遗、5A级景区数量等固定指标来衡量。虽然标准化程度高，提升难度较大，但是在顾客至上的服务理念指导下，提升城市景区服务水平，在"软件"上提升旅游吸引力，以口碑带动提高品牌知名度。对于营销传播而言，在自媒体盛行的时代，如何提升自己的旅游营销能力，形成体系化的营销系统成为各城市营销的主要问题。从数据中可以看出，城市旅游品牌影响力指数得分较高的城市主要为直辖市以及华东、华南地区城市。一方面这些城市本身资源丰富，知名度较高；另一方面，这些城市政府更加重视旅游业的发展、旅游品牌形象的塑造且营销推广投入较大。

3. 区域间发展不平衡，得分差异较大

由近年来中国城市旅游品牌影响力指数得分情况可见，当前中国七大区域旅游品牌影响力指数得分情况差距仍然较大，区域间旅游品牌发展水平分化严重，华东、华北、华南地区整体水平仍然领先，虽然西北、东北地区整体落后，但差距在不断缩小。此外，各区域内城市之间旅游品牌影响力指数得分水平差距也相对较大，核心城市得分越来越高，而中小城市发展较为缓慢。如何发挥核心城市的带动作用，提升区域整体水平，如何形成可借鉴可复制的城市旅游品牌提升模式，带动当前落后区域提升旅游品牌发展水平，是当前亟待解决的难题。

（四）中国城市旅游品牌优化的对策建议

1. 明确城市定位，打造特色旅游品牌

在竞争激励的城市品牌发展过程中，一个城市选择为自身建立一个品牌，就等于找到了城市的定位，首先需要精准定位城市品牌，这是城市品牌打造最基础和最重要的环节，只有实现了城市品牌的精准定位，才能找到城市未来的发展方向。随着新媒体推出的各类"网红城市"的出现，许多城市在寻找品牌定位时迷失了自我，靠着特色古城、独特街区等概念红了一阵子，却因为追寻"网红"效益而极度商业化，最终只是昙花一现。反观汉唐文明积淀的西安、天府之国成都、巴渝之地山城重庆，都很难用"网红"一词简单概括。这些"网红城市"的超高人气，其实是城市文化底蕴、经济实力、人口规模乃至科技进步等一系列因素综合作用的结果。因此城市品牌定位需要提炼品牌个性，除了寻找消费者的需求，还应该高度凝练并总结出城市所具备的个性化元素，使城市品牌定位能够满足人们的需求，并使其与城市本身的实际情况高度契合，从而让城

市品牌有力地凸显城市的特色。

2. 挖掘文化底蕴，拓展城市品牌内涵

文化是旅游的灵魂，为城市带来持续性的吸引力。随着人们对美好生活需要的日益增长，简单的物质已经无法满足人们的需求，越来越多的人更加注重更为深层次的精神追求和满足。如何挖掘出城市旅游的文化底蕴，丰富品牌内核是每个城市都要持续深入的工作。各城市要努力挖掘文化形态的丰富性，围绕其特色文化或主题 IP 进行多元开发，在展现各色传统文化经典的同时，也要通过更现代、时尚和更易被人们接受的方式去推广。例如"九朝古都"洛阳，2021 年下半年以来，随着《七夕奇妙游》《中秋奇妙游》《登场了！洛阳》等节目的热播，河洛文化频频"出圈"，洛阳城市"IP"深入人心，年轻化、视频化的生动展示，不断推动洛阳的城市气质朝着更加青春、活力的方向发展。古都洛阳对全国游客尤其是青年游客的吸引力明显增强。没有对传统文化的创造性转化和创新性发展，就没有文旅、文创产品的惊艳亮相，就很难吸引游客真正心向往之。因此，在促进文化与旅游深入融合时，必须从全国大格局、以国际大视野审视各城市的文旅产业，凸显特色优势，着力打造立得住、叫得响、传得开的城市品牌，形成完善的文化旅游体系，深化城市旅游品牌的内涵。

3. 强化旅游营销，打造鲜明旅游形象

整合线上线下媒体资源，进行全媒体营销，提升旅游品牌的影响力和竞争力。积极升级营销策略，创新营销方式，转变营销思路，落实精准营销。积极利用传统媒体中的电视、广播、报纸、杂志及新媒体中的微信、微博、短视频平台等对城市旅游资源进行宣传、推广，综合利用各个媒体传播平台，进行品牌形象高度统一的活动策划、内容策划，在热点活动出现的时

间段内，大量、同步输出相同标签的主题活动内容，增加活动曝光度，在短时间内形成热点，具备话题度，除了热点活动营销外，还需要持续开展关于城市旅游品牌的宣传营销活动，根据资源类型、客源类型，合理判断理想的营销渠道，充分利用大数据手段，实现精准推送，向潜在客户群体推送旅游活动信息，塑造立体的品牌形象、固定且不断丰富其内涵的品牌主题，开展长期且高效的营销活动。最终形成形象统一、内容丰富、创新高效的营销系统，提高城市旅游品牌知名度，提升城市吸引力。

4. 推动区域协同发展，带动整体水平提升

区域发展不平衡是中国城市品牌发展过程中长时间存在的问题，要解决当前区域间、区域内城市旅游品牌发展水平悬殊的问题，可以从开展跨地域合作着手，打破行政区划界限，整合各城市优势旅游资源，统一规划区域旅游精品线路，通过整合相邻地域资源，实现城市旅游品牌知名度高的城市与新兴旅游城市之间优势客源互通有无。目前川渝两地文化部门强强联合，协同打造巴蜀文化旅游走廊。"成渝地·巴蜀情"区域文化活动品牌、中国西部公共文化和旅游产品服务品牌、成渝地区文化旅游公共服务数字化品牌三大区域品牌，协作共商建立工作协作机制、行业联盟机制、项目共策机制、人才互派机制四大协同机制，以及组织保障、规划保障、经费保障三大保障措施，共创"巴蜀文化旅游公共服务融合高质量发展示范区"。诸如此类的实践可以推广应用到其他地区，通过旅游宣传联动，创造跨地域旅游大市场；通过推进旅游合作机制创新，深化合作内容，搭建跨地域合作平台；通过联合举办区域性大型活动，实现异地促销，共同举办展会，整合开发旅游市场，形成互动、双赢、共赢的整体态势。

五 城市投资品牌影响力指数报告（2021）

（一）总体发展态势

1. 总体发展态势

其一，城市投资品牌影响力指数得分小幅提升，但整体水平仍有待提高。2021年，中国城市的投资品牌发展水平总体较低，其指数得分平均值为0.2799，较2020年的指数得分平均值0.2714有上升趋势，中位数值为0.2486，较2020年的中位数值0.2394有上升趋势，但两者的上升趋势都并不明显，两者均不足0.1。除此之外，在这288个样本城市中，有107个城市的得分高于平均值，其余的181个城市的投资品牌影响力指数得分低于平均值，可以看出有超过一半的城市投资品牌发展水平处于较低层次。

其二，城市间投资品牌发展水平差异依旧显著，但存在缩小趋势。如图5-1所示，通过数据分析可以看出，中国投资品牌发展水平较高的城市较少，得分在0.5以上的城市只有17个，比2020年减少了2个。得分在0.6以上的城市仅有9个（比2020年减少2个），得分不足0.5的城市有254个（较2020年减少15个），且得分低于0.2的城市有68个（较2020年减少33个）。从总体来看，中国投资品牌发展水平较高的城市数量变化不大，但发展水平较低的城市得分有了显著提升，城市间差异依旧明显，但可见缩小趋势。具体来看，北京的投资品牌发展水平最高,其指数得分为0.8941,其次是上海,得分为0.8557,深圳得分为0.7507,这三个城市的投资品牌得分值明显高过其他城市,与2020年的得分相比变化不大。而得分较低的城市分别为伊春、七台河和鹤岗,其平均得分为0.12,与2020年得分不足0.1相比,有一定程度的提升,表明中国288个样本城市的投资品牌发展水平差异存在缩小趋势。

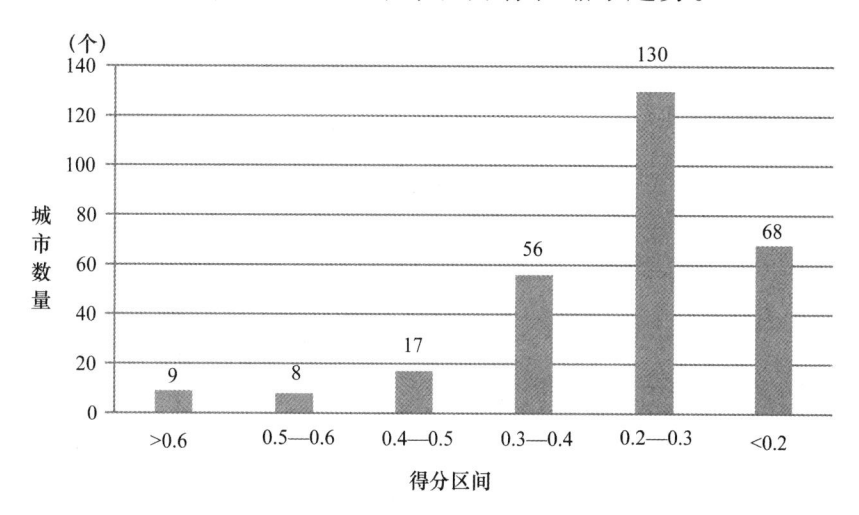

图5-1 城市投资品牌影响力指数得分频数分布

注:含中国香港和中国澳门。

资料来源:笔者自制。

2. 区域发展特征

其一,城市投资品牌由东向西呈阶梯式递减。从国内七大区域角度来看,中国城市投资品牌发展水平呈现出以华东为标杆由东向西阶梯式递减的分布格局。从图5-2来看,中国华东的城市投资品牌影响力指数领先,得分为0.3298;其次是华北、华南地区;华中地区城市投资品牌影响力指数均值为0.2629,低于总体平均值。此外,西北和东北地区分别以0.2317和0.2290的得分,在七大区域中处于较低层次,还有很大发展空间。与2020年得分相比,华东地区依旧遥遥领先并且得分显著提高,由0.2995上升至0.3298,华北地区的得分为0.2861。

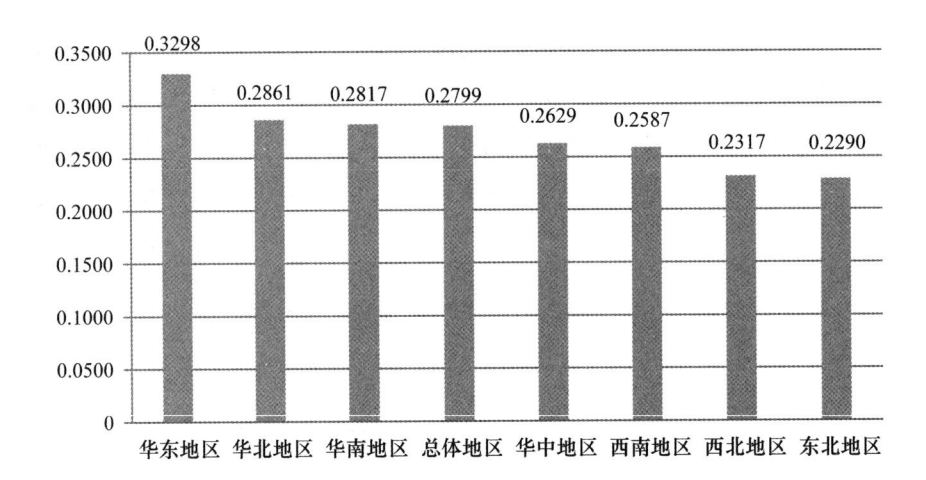

图 5-2　城市投资品牌发展水平区域均值对比

资料来源：笔者自制。

此外，从表 5-1 中中国投资品牌发展水平 50 强城市的区域分布来看，华东地区占据了 23 席，几乎占据了 50 强城市的半壁江山，是强市的高度集聚区，并且入围的城市除了传统的经济强市之外，还有像金华、泉州、扬州、徐州等一些后起之秀。其次是华南地区，有 8 个城市入围，主要集中在珠三角地区；再次是东北地区，入围了 5 个城市，分别是大连、哈尔滨、长春、沈阳、吉林；而华北、华中和西南地区都各自入围了 4 个城市，西北地区仅入围了西安和兰州两个城市。总体来看，在数量水平上与城市投资品牌发展水平的区域分布格局大体一致。

其二，区域内部差异显著。2021 年，中国城市投资品牌发展水平的区域性差异较为明显，具体见表 5-2。中国华北、华南地区的城市投资品牌影响力指数标准差和变异系数均较高，说明无论发展基础还是发展速度，这两个区域城市间投资品牌发展水平均存在较为显著的空间差异。其中，从极差值来看，华北地区的极差值达到 0.7365，与中国总体的极差值相当，说明其内部城市投资品牌发展的不均衡性较为突出。此外，东北、西北和西南地区标准差较小，但变异系数较高，说明该地区城市投资品牌总体水平偏低,但其发展速度差异明显。而华东地区纳入参评的城市数量较多,导致其极差较大,但从其标准差和变异系数来看,华东地区的城市投资品牌发展水平与发展速度都处于比较均衡的状态。

表5-1　　　　中国投资品牌发展水平50强城市的区域分布

	数量	城市
华东地区	23	上海、杭州、南京、苏州、青岛、宁波、厦门、济南、合肥、福州、无锡、南昌、嘉兴、温州、南通、绍兴、常州、湖州、烟台、金华、徐州、扬州、泉州
华南地区	8	深圳、广州、东莞、珠海、海口、佛山、南宁、中山
东北地区	5	大连、哈尔滨、长春、沈阳、吉林
西南地区	4	重庆、成都、昆明、贵阳
华中地区	4	武汉、长沙、郑州、洛阳
华北地区	4	北京、天津、太原、保定
西北地区	2	西安、兰州

注:不含中国香港和中国澳门。
资料来源:笔者自制。

表5-2　　　　中国城市投资品牌影响力指数特征的区域描述

	数量	平均值	标准差	变异系数	最大值	最小值	极差
东北地区	34	0.2290	0.0979	0.4274	0.4648	0.1225	0.3423
华北地区	33	0.2861	0.1394	0.4873	0.8941	0.1577	0.7365
华东地区	77	0.3298	0.1174	0.3558	0.8557	0.1881	0.6676
华南地区	37	0.2817	0.1293	0.4590	0.7507	0.1485	0.6023
华中地区	42	0.2629	0.0840	0.3195	0.5674	0.1728	0.3946
西北地区	30	0.2317	0.0908	0.3917	0.5614	0.1454	0.4160
西南地区	33	0.2587	0.1050	0.4060	0.6169	0.1457	0.4712

注:不含中国香港和中国澳门。
资料来源:笔者自制。

（二）数据聚焦分析

1. 指数透视

一是经济强市投资品牌保持强劲，新兴城市展现强大发展潜力。

通过表5-3可知，无论城市投资品牌影响力指数还是经济基础、投资活力、创新创业潜力及投资营销传播4个分项指标，其得分较高者多为直辖市、省会城市等老牌经济重点城市，但也有部分新兴经济体开始在投资品牌的某些方面崭露头角。

表5-3　城市投资品牌影响力指数得分较高城市

城市投资品牌影响力指数	经济基础	投资活力	创新创业潜力	投资营销传播
北京	北京	上海	北京	北京
上海	上海	重庆	深圳	上海
深圳	深圳	杭州	上海	深圳
杭州	香港	天津	杭州	广州
广州	杭州	广州	香港	香港
香港	广州	南京	武汉	杭州
重庆	南京	西安	南京	重庆
天津	成都	青岛	苏州	成都
南京	天津	北京	西安	武汉
武汉	宁波	长沙	重庆	天津

注：含中国香港和中国澳门。

资料来源：笔者自制。

从城市投资品牌影响力指数来看，得分较高的城市主要是四大直辖市、重要省会、特别行政区和区域中心城市。横向来看，4项指标均入围10强的只有北京、上海、杭州三个城市。上海的城市投资影响力指数不仅总体水平高，而且其各项分项指标的表现也非常亮眼，彰显出其均衡又强势的品牌地位；北京市4个分项指标中除了投资活力指标得分较低外，其他3个分项指标得分都较高，另外与2020年相比，北京的投资活力指标的得分呈下降趋势；杭州在投资品牌影响力指数上，各分项指标发展情况较为均衡。

纵向来看，在10强城市中，部分新兴经济体开始在投资品牌的某些方面崭露头角。从经济基础指标来看，位于长三角城市群和成渝城市群的宁波和成都两座城市发展迅猛；从投资活力指标来看，西安、青岛、长沙表现出了强大的发展潜力；在创新创业潜力方面，苏州打造创新之城的生态建设成效显著；在投资营销传播方面，成都新媒体产业的政策倾斜让城市在投资营销传播指标上展现强大实力。

二是创新创业与投资活力主导城市投资品牌发展。

由表5-4可知，在城市投资品牌发展体系中，投资活力得分均值最高，达到0.4911；其次是创新创业潜力，得分为0.3061；而经济基础和投资营销传播两项指标的得分相对较低，约为0.15。

表5-4　　　　中国城市投资品牌发展指标分区域情况

	华北地区	东北地区	华东地区	华中地区	华南地区	西南地区	西北地区
经济基础	0.1817	0.1232	0.2082	0.1470	0.1780	0.1517	0.1337
投资活力	0.4818	0.4620	0.5296	0.4770	0.4860	0.4859	0.4586
创新创业潜力	0.3143	0.2298	0.3854	0.3005	0.2912	0.2609	0.2346
投资营销传播	0.1666	0.1010	0.1960	0.1269	0.1717	0.1362	0.1000

资料来源：笔者自制。

投资活力是一个城市吸引投资的基础条件，是投资者对于城市的发展、投资回报预期的体现。七大区域的投资活力得分均较高，这表明投资者对于中国整体的发展预期较高，对各城市和区域的未来发展持正向态度，其中华东地区的得分具有绝对优势，投资活力得分 0.5296；创新创业潜力是一个城市内在活力与长久发展的可能性体现，华东、华北、华中和华南地区的创新创业潜力得分较高；经济基础是城市打造投资品牌的重要基础因素，具有较高的经济基础的城市和区域，具有更高的将投资品牌变现的可能性，但各区域在基础建设方面的成绩并不理想，总体得分 0.1691，只有华东及华北地区的得分相对较高，达到 0.18 左右，经济基础指标作为根本性的发展指标，需要得到各地区的重视，只有打造出良好的发展基础，才能更好地塑造城市投资品牌；在自媒体信息爆炸时代，碎片化信息充斥人们眼球，如何让人们注意到信息、如何选择宣传的有效渠道显得格外重要，城市投资营销传播的能力是提升城市品牌影响力和关注度的重要手段，与 2020 年相比，得分由 0.2945 下降至四项指标中得分最低的指标，仅为 0.1528，各城市需重新重视起城市品牌的营销传播工作。

从各区域的角度来看，华东地区在各个指标方面都以绝对优势领先，华北、华南地区紧随其后，三个地区的良好发展态势与地理位置、发展时间、开放程度有很大的关系；而在投资活力上，西南地区发展势头迅猛，离不开成渝城市群的建设发展；在创新创业潜力上，华中地区得分为 0.3005，创新创业潜力意识觉醒。

2. 城市投资品牌的城市群效应：以头部城市群为例

长三角、京津冀、珠三角城市群投资品牌影响力指数得分由高到低差距较小，成渝城市群略显差距，四大城市群在各项指标中均有亮眼表现。综合分析中国京津冀城市群、长三角城市群、珠三角城市群、成渝城市群城市投资品牌发展水平，具体得分结果见表 5-5。

表 5-5　　　　　　　四大城市群投资品牌影响力指数得分

	城市群投资品牌影响力	城市投资吸引力	经济发展预期	创新创业潜力	投资营销传播
长三角城市群	0.710	0.770	0.797	0.591	0.623
京津冀城市群	0.614	0.778	0.533	0.494	0.488
珠三角城市群	0.641	0.951	0.569	0.370	0.367
成渝城市群	0.405	0.330	0.581	0.394	0.392

资料来源：笔者自制。

从表 5-5 可以看到，在城市投资品牌城市群排名中，长江三角洲城市群优势较为明显，除城市投资吸引力以外，其余各项指标得分均较高；京津冀城市群和珠三角城市群的各项指标得分差距较小，京津冀城市群除经济发展预期得分较低以外，其余各项指标得分均较高，珠三角城市群在城市投资吸引力指标上表现极为亮眼，较长三角城市群得分高 0.2 左右，这表明珠三角城市群发展潜力巨大，受到投资者的青睐；成渝城市群得分稍显弱势，其城市群投资品牌得分较高，但其 4 个分项指标的表现参差不齐，经济发展预期、创新创业潜力和投资营销传播的得分与其他三大城市群的差异并不大，基本控制在 0.1 以内，但城市投资吸引力较弱，得分仅为 0.330，与其他三大城市群相差 0.5 左右，投资吸引力极大地影响了成渝城市群投资品牌影响力。

从各项指标的具体得分情况来看：城市投资吸引力方面，珠三角城市群优势明显，京津冀城市群与长三角城市群差异较小，成渝城市群稍显弱势，珠三角城市群得分是成渝城市群得分的 3 倍左右；从经济发展预期来看，京津冀城市群、珠三角城市群与成渝城市群的得分差距甚微，而长三角城市群由于优越的地理位置和开放的市场环境，在经济发展预期上得分较高；四大城市群的创新创业潜力差距不大，其中珠三角及成渝城市群发展较弱，与珠三角地区高等教育及科研机构较少，高端人才聚集不够、成渝地区地理位置相对闭塞对人才和资本吸引力不足有较大的关系；在投资营销传播方面，长三角城市群依旧展现出自身优于另外三大城市群的实力。

（1）长三角城市群：整体实力强劲但内部发展差异较大

长三角城市群包括上海，江苏省的南京、苏州、无锡、南通、常州、扬州、镇江、盐城、泰州，浙江省的杭州、宁波、嘉兴、绍兴、湖州、金华、台州、舟山，安徽省的合肥、芜湖、马鞍山、安庆、铜陵、滁州、池州和宣城共26个城市。长三角城市群城市投资品牌影响力指数得分为0.71，远远高于全国平均分。其中，上海得分最高，为0.8557，池州得分最低，其分值为0.19，城市群内部发展差异较大。长三角城市群中，得分高于全国平均分（0.2799）的城市共有21个，占比约81%。得分超过0.5的城市有5个，占比19%。

从经济基础得分来看，长三角城市群共有21个城市得分高于全国平均值（0.1698），得分最高的为上海，其分值为0.7139，得分最低的城市为池州，分值为0.1167，这说明长三角城市群内部差异较大，经济实力分布很不均衡。从投资活力得分来看，长三角城市群共有20个城市高于全国平均值（0.4911），得分最高的为上海，其分值为0.9578，这与上海国际化大都市的地位以及长三角经济金融科技中心的地位相符合。杭州与南京投资活力也表现得非常亮眼，分别为0.8487分和0.7746分，与2020年的成绩相比提升较快，这与长三角地区作为"一带一路"与长江经济带的重要交汇地带，经济腹地开阔，重点城市受到投资者青睐有密不可分的关系。得分最低的城市为池州，其分值为0.4123。从创新创业潜力指数来看，长三角城市群共有23个城市高于全国平均值（0.3061），整体发展水平较高，长三角地区得分最高的是上海，得分0.7988，池州得分为0.1805，与上海得分差0.6183，得分较高的城市共有4个，分别为上海、杭州、南京和苏州。从投资营销传播指标来看，长三角城市群共有 19 个城市高于全国平均值（0.1528），得分最高的城市为上海，得分 0.9767，杭州得分为 0.5526，这表明在投资营销传播水平方面，其他城市与上海的水平差距巨大，得分最低的城市为池州，得分仅有 0.0505，差距悬殊。综合来看四项指标，虽然长三角城市群内部差异较大，但仍有约 75% 的城市各项指标均优于全国平均水平，总体实力强劲。

（2）京津冀城市群：整体实力强但内部断层严重

京津冀城市群包括北京、天津和河北省的石家庄、保定、唐山、邯郸、廊坊、秦皇岛、沧州、张家口、邢台、衡水和承德共 13 个城市。在京津冀城市群的城市投资品牌中，北京一骑绝尘，得分最高，为 0.8941；天津得分为 0.6024；保定得分 0.378。京津冀城市群中各城市的城市投资品牌得分集中于 0.2—0.4 的共 11 个城市，占比约 85%；高于全国平均分的城市有 8 个，占比约为 62%。可见京津冀城市群整体投资实力较强，但实力强劲的城市较少，多数城市集中在全国的中上游水平，断层严重。

从经济基础得分来看，京津冀城市群共有 8 个城市高于全国平均值（0.1691），北京市经济基础以 0.8861 分的压倒性优势高居京津冀城市群之首，得分最低的城市为邢台，得分仅为 0.1254，与北京得分差距悬殊。而天津的得分也仅为 0.3933，与北京的得分相差 0.5 左右。除了京津两市，河北省的 11 个城市的得分均不足 0.3，平均分为 0.1711。从数据可以看出，京津冀城市群的断层情况十分严重，河北省在城市群中经济基础水平较低，也说明在城市群中，北京的"虹吸效应"依然存在。从投资活力指标看，京津冀城市群共有 7 个城市高于全国平均值（0.4911），天津得分为 0.8315，在该项指标中得分最低的城市为石家庄，其分值为 0.3796。从创新创业潜力得分来看，京津冀城市群共有 8 个城市高于全国平均值（0.3061），北京的得分最高，其分值为 0.9349，衡水得分最低，分值为 0.2468。

京津冀城市群创新创业潜力得分超过0.5的城市共有4个，分别为北京、天津和石家庄和保定。从投资营销传播得分看，京津冀城市群共有9个城市高于全国平均值（0.1528），北京得分最高，其分值在标准化后为满分1，承德得分最低，其分值为0.124。京津冀城市群的城市投资品牌影响力水平有着非常鲜明的特点，北京占据多个指标的榜一位置，天津紧随其后，而河北省的11个城市的发展水平与京津两市存在较大的断层现象，但11个城市内部的差距较小。

（3）珠三角城市群：整体实力较强但内部发展差异较大

珠三角城市群包括深圳、广州、东莞、佛山、珠海、中山、惠州、江门、肇庆、韶关、河源、清远、云浮和汕尾共14个城市。共有8个城市的投资品牌得分高于平均值，占比约为57%，得分低于0.2的城市有2个，占比约为14%。其中深圳的得分最高，其分值为0.7507，云浮得分最低，分值为0.1667。

从经济基础来看，珠三角城市群共有8个城市高于全国平均值（0.1691），深圳得分最高，其分值为0.6972，云浮得分最低，其分值为0.0764，与深圳市得分相差超过0.6，城市群内部差距较大。从投资活力来看，珠三角城市群共有9个城市高于全国平均值（0.4911），广州得分为0.81，得分超过0.7的城市有2个，分别是广州与深圳，再次是珠海，得分为0.6523，3个城市均为珠三角城市群的重点城市，经济实力强劲，对于人才及资本的吸引力较大。从创新创业潜力看，珠三角城市群共有9个城市高于全国平均值（0.3061），占比约为64%，深圳依旧领先，得分为0.8877，其次是广州，得分为0.6585，再次是东莞，得分为0.5797。从投资营销传播来看，珠三角城市群共有8个城市高于全国平均值（0.1528），深圳得分最高，其分值为0.7117，其次是广州，得分为0.5864，紧随其后，4个城市得分在0.3—0.4，得分在0.3以下的共有8个城市，其中得分最低的云浮为0.0626，表明目前珠三角城市群在营销传播水平方面处于弱势，与城市群内部的深圳差距悬殊。

（4）成渝城市群：内部差异较小但总体实力较弱

成渝城市群包括重庆，四川省的成都、泸州、绵阳、宜宾、乐山、达州、南充、自贡、雅安、眉山、德阳、内江、广安、遂宁、资阳共16个城市。成渝城市群城市投资品牌得分中，重庆和成都的得分分别为0.6169和0.5674，在成渝城市群中表现优秀，成渝城市群整体得分集中于0.2—0.3，共有11个城市，占比约为79%。城市投资品牌得分高于全国平均值的城市共有4个，占比为25%。成渝城市群整体的实力较弱，但是内部发展比较均衡。

从经济基础来看，成渝城市群共有4个城市高于全国平均值（0.1691），成渝城市群得分低于0.2的共有14个，占比约为87%。成都得分最高，其分值为0.3966，其次是重庆，得分为0.3332，但与其他三个城市群相比并不具有优势，成渝城市群相对闭塞的地理位置、较短的发展时间、交通及基础设施方面的不足使其对优质投资资源的吸引力较小。从投资活力来看，成渝城市群共有4个城市高于全国平均值（0.4911），重庆和成都得分领先于城市群内的其他城市，重庆的得分为0.9293，重庆与成都近年来竞合发展效果良好。其他城市的得分基本也都大于0.4，与2020年相比发展成效良好。从创新创业潜力来看，成渝城市群共有5个城市得分高于全国平均值（0.3061），重庆与成都得分不相上下，继续在成渝城市群中保持领先地位，分别得分0.709和0.658，城市群得分主要集中在0.2—0.4。从投资营销传播水平来看，重庆和成都两市在政策扶持和新媒体行业发展的推动下，分别得分0.496和0.4919，在营销传播方面发展良好，但仍有上升空间。总的说来，成渝城市群的整体投资品牌实力与其他三个城市群存在一定差距，但两个重点城市——重庆与成都的发展十分喜人，仍具有较强的发展潜力，且目前城市群内部的差距并不大，今后发展中要着重发挥两个优势城市的带动作用，促进城市群整体投资品牌实力和影响力的提升。

（三）中国城市投资品牌发展的问题与挑战

1. 城市投资品牌发展水平较低，城市间投资品牌发展差异较大

从数据分析可以看到，中国城市投资品牌发展水平指数平均值仅为 0.2799，中位数值为 0.2486，均呈现较低的状态。在中国 288 个地级市中，有 181 个城市的投资品牌影响力指数得分低于平均值，意味着超过一半的城市投资品牌发展水平处于较低层次。从总体上来看，整体投资品牌发展水平仍处于较低的发展层次。

与此同时，中国城市间投资品牌存在两极分化严重的问题。投资品牌影响力水平最高的城市是北京，得分为 0.8941，最低的城市是鹤岗，得分仅为 0.1225，得分较高的 10 个城市的指数平均值为 0.6812，得分较低的 10 个城市的指数平均值为 0.1394，差异明显。中国虽然有部分投资品牌发展水平较高的城市，但整体城市投资品牌发展水平仍较低。从各区域的数据来看，华东地区的城市投资品牌得分均值为 0.3298，是七大区域中得分最高的，而得分最低的是东北地区，得分为 0.229。各个区域内部的发展存在较大差距，强者越强、弱者越弱的"马太效应"较为明显，城市间两极分化严重。

2. 城市投资指标发展不均衡，要素质量有待提升

2021 年中国城市投资品牌影响力总指数平均值为 0.2799，其他四个分项指标的得分均值差距较大，其中投资活力指标均值得分最高，分值为 0.4911，其次是创新创业潜力，得分均值为 0.3061，再次是经济基础指标，均值为 0.1691，最后是投资

营销传播指标，得分为 0.1528，最低与最高得分指标相差超过 0.3。此外，从各项指标得分较高的 10 个城市的均值来看，经济基础、投资活力、创新创业潜力和投资营销传播四个分项指标的均值分别为 0.5416、0.8194、0.7823 和 0.6310，可以看出经济基础和投资营销传播指标明显落后于投资活力与创新创业潜力两项指标，城市投资指标发展不均衡，也可以看出中国的投资品牌建设对于基础的要素指标——经济基础发展力度不够的问题。

3. 城市投资品牌发展回弹严重，各指标发展趋势存在此消彼长的现象

与 2020 年的数据相比较，中国城市投资品牌发展水平整体出现了小幅度的上升趋势，平均值由 0.2714 上升至 0.2799，但从四项指标的变化来看，经济基础、投资活力、创新创业潜力和投资营销传播得分均值分别为 0.1691、0.4818、0.3143 和 0.1665，与 2020 年相比（0.1657、0.3093、0.3161 和 0.2945），除了投资活力得分提高以外，另外三个指标都有所下降，尤其是 2020 年表现良好的投资营销传播指标，而 2020 年得分较低的投资活力指标得到了较快的提高。这表明在城市投资品牌的建设过程中，各指标的发展存在此消彼长的情况，在补足弱势要素时，无法维持优势要素。

（四）塑造中国投资品牌的对策建议

1. 提升投资品牌意识，塑造投资品牌形象

中国经济发展已经进入新常态，经济已经由高速增长阶段转向高质量发展阶段，转变发展方式，创新推动高质量发展已经成为必由之路。投资作为经济发展的至关重要的一环，其吸引力和竞争力的培育也需要有所创新，投资品牌的塑造就是城市吸引投资增强竞争力的创新之举。当前中国一些发达城市的投资品牌实力已经非常强劲，但城市投资品牌发展总体实力却不够突出，究其原因，主要是城市投资品牌发展不均衡所致。一些较为落后的城市，其投资品牌意识甚至尚未觉醒，依旧按原来的方式散乱地吸引投资，今后应该着重提升这部分落后城市的投资品牌意识，引导其系统地建立起自己的投资品牌形象，从而提升其投资品牌竞争力。

2. 重点注重经济基础的建设，稳扎稳打发展城市投资品牌

经济基础描述一个城市的经济发展现状，包括经济、人才、企业、市场环境的发展水平，从投资活力的角度来看，城市可以依靠政策倾斜等方式在一段时间内提高城市的投资活力，并利用投资实现城市投资品牌水平的提高，但一个城市的经济基础稳步提高，是吸引到更多的人才、资本涌入的根本性因素；从创新创业潜力角度来看，经济是创新创业的基础，推动实现更高的科研投入、更有效的创新支持、更完善的基础设施建设；从投资营销传播的角度来看，媒体渠道的建设同样离不开稳固的经济基础。从数据上看，与2020年相比，投资活力、创新创业潜力以及投资营销传播指标的得分都出现了起伏波动，只有经济基础始终维持在一个较低的水平，地基不稳，导致其他指标起伏现象严重，因此要首先注重经济基础的建设，发展经济，注重人才的发展、市场环境维护，从而稳扎稳打发展城市投资品牌。

3. 协调区域间的竞合关系，缩小区域发展差距

从年度数据来看，成渝城市群的重庆与成都两个城市在竞合过程中得到了有效提升，竞合关系借助国家区域政策的东风，近年来城市群的全面发展、粤港澳大湾区的建设、"一带一路"倡议的深入推进以及京津冀协同发展战略等都对区域城市之间的协同发展进行了全方位部署,投资品牌整体实力的提升也需要城市之间、区域之间的通力协作。如京津冀一体化过程中,河北省的投资实力明显弱于京津地区,应大力推动河北各个城市的政策倾斜,促进京津地区优质资源向河北地区的流动,以均衡区域投资品牌水平。

六 城市宜居品牌影响力指数报告（2021）

随着人民对美好生活需求的日益增长，人们对城市发展的关注角度、考量维度日益回归"人"本身。如何让身居城市的人们更大提升对城市的认同感、获得感、幸福感，成为现代城市发展的目标。宜居城市建设是城市发展到后工业化阶段的产物，是具有良好的居住和空间环境、人文社会环境、生态与自然环境和清洁高效的生产环境的居住地。当下的中国，正朝着推进新型城市建设的目标进发，顺应城市发展新理念新趋势，建设宜居、创新、智慧、绿色、人文、韧性城市。

本报告运用中国城市宜居品牌影响力指数，从宜居声望、城市活力、民生质量和生态环境四个方面对城市的宜居品牌进行综合考量，为城市宜居品牌的建设提出建议。其中，宜居声望体现了城市的整体声誉，镌刻了对城市的宜居印象；城市活力是城市创造力的源泉，是城市面向未来发展的不竭动力；民生质量关切教育、医疗、生活成本等民生问题；生态环境则体现了城市生态建设和环境质量成果。

（一）总体发展态势

1. 中国城市宜居品牌发展总体特征

其一，中国城市宜居品牌整体发展差异巨大，整体水平偏低且有持续下降的趋势。2021 年中国 288 个样本城市的宜居品牌影响力指数得分平均值为0.2462，中位数为0.2224，两个数值均远低于0.5。和2020年相比，2021年中国城市宜居品牌影响力指数得分的平均值和中位数均有下降。值得注意的是，2020年这两项指标数据相较于2019年已有下降趋势，2021年这两项指标数据再次下滑。其中，北京（指数得分0.6993）与七台河（指数得分0.0894）的城市宜居指数差距悬殊。在288个样本城市中，有173个城市的宜居品牌影响力指数得分低于平均值，中国城市宜居品牌水平整体偏低。

其二，一线、新一线城市宜居表现逆势上涨，民生质量、生态环境方面依旧有待加强。在2021年中国城市宜居品牌影响力指数得分中（见表6-1），北京、上海、深圳、香港、重庆、广州、杭州、天津、成都、厦门得分较高。与2020年相比，变化不大。在大盘平均宜居水平下滑的背景下，2021年得分较高的10个城市的平均指数得分为0.5715，与2020年的0.5570相比，呈逆势上涨之态。从细分指标来看，民生质量、生态环境方面还有待加强。如何平衡好城市发展和人民幸福、生态美丽之间的关系，是未来中国城市持续发展宜居品牌过程中不可忽视的问题。

表6-1　　2021年全国城市宜居品牌影响力得分较高的城市

	宜居品牌指数	宜居声望	城市活力	民生质量	生态环境
北京	0.6993	0.9964	0.9070	0.3751	0.5185
上海	0.6672	0.9774	0.7923	0.4074	0.4917
深圳	0.6118	0.7999	0.7195	0.5143	0.4134
香港	0.5593	0.6975	0.8486	0.3948	0.2962
重庆	0.5423	0.7697	0.6895	0.2348	0.4751
广州	0.5413	0.8002	0.6804	0.3062	0.3786
杭州	0.5368	0.8322	0.6139	0.3174	0.3838
天津	0.5286	0.6986	0.7175	0.3418	0.3566
成都	0.5210	0.7895	0.5898	0.3426	0.3622
厦门	0.5071	0.6556	0.7182	0.3585	0.2960

资料来源：笔者自制。

2. 中国城市宜居品牌区域发展特征

其一，华东地区的宜居品牌影响力指数得分最高，各区得分较 2020 年均有下降趋势。由图 6-1 可见，中国城市宜居品牌七大区域发展水平依旧呈现"四级梯度递减"的发展趋势。中国华东地区的城市宜居品牌影响力指数得分最高，指数均值高达 0.2856，相较于华北地区的得分高出 9.89%。其次是华北地区和华南地区、华中地区和西南地区，第四梯度是中国西北地区和东北地区。相比于 2020 年的得分（见图 6-2），各区域均有不同程度的下降，其中东北地区 2021 年的平均得分跌破 0.2。

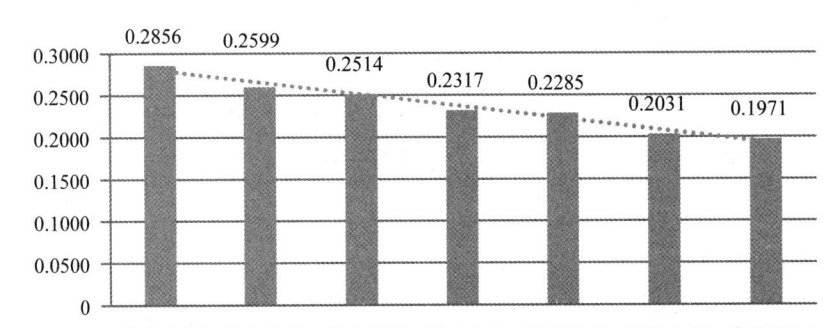

图 6-1 2021 年城市宜居品牌影响力指数区域均值

资料来源：笔者自制。

区域	华东地区	华北地区	华南地区	华中地区	西南地区	西北地区	东北地区
2021	0.2856	0.2599	0.2514	0.2317	0.2285	0.2031	0.1971

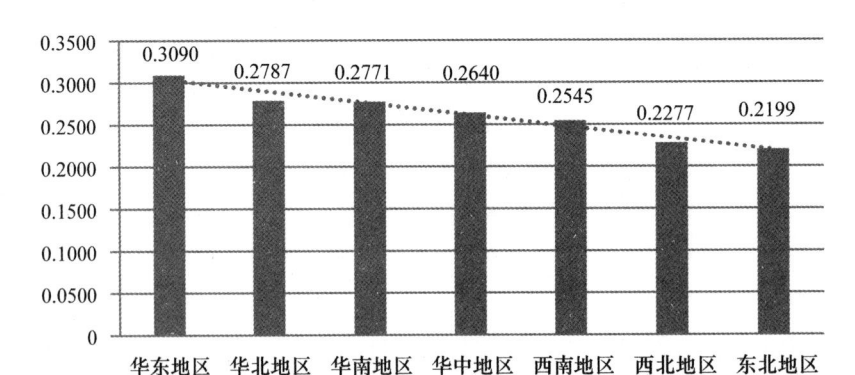

图 6-2 2020 年城市宜居品牌影响力指数区域均值

资料来源：笔者自制。

区域	华东地区	华北地区	华南地区	华中地区	西南地区	西北地区	东北地区
2020	0.3090	0.2787	0.2771	0.2640	0.2545	0.2277	0.2199

其二，华东地区整体发展较为均衡、平均水平较高，华北、华南地区内部两极差异明显。纵观全国七大区域，华东地区得分均值最高，且有46个城市得分高于全国平均值，占华东地区总城市数的59.74%。同时，华东地区各城市得分标准差为0.0964，是七大区域中的最低值，说明华东地区各城市间宜居品牌发展较为均衡。华北、华南地区高于全国平均值的城市数量占本区域的比值分别为45.45%、43.24%，虽然成绩不俗，但华北、华南地区各城市得分标准差分别为0.1155、0.1139，在七大区域中较大，体现出华北、华南地区内两极分化趋势明显。

（二）数据聚焦分析

1. 生态环境指标下跌严重，多数指标全国平均值与得分较高的城市平均值的涨跌趋势相悖

比较2020年和2021年城市宜居品牌指标平均值数据，不难发现四项指标中生态环境下跌严重，无论是全国平均值还是得分较高的30个城市的平均值均呈现不同程度的下跌。绿水青山就是金山银山，生态环境是城市发展的自然基础，也是资源宝库，如何继续将城市生态治理好，是打造宜居城市的重要一环。

近两年在宜居声望、城市活力和民生质量三大指标上，全国平均值和得分较高的30个城市的平均值涨跌趋势呈现相悖状态。全国平均值中宜居声望、城市活力均有下跌，而得分较高的30个城市的平均值有所上升。在民生质量上，全国平均值有所上升，得分较高的30个城市的平均值却略有下滑。在某种程度上，这体现了全国城市和头部城市在建设宜居城市品牌过程中的思路差异，头部城市因其品牌效应能够更好地获取口碑资源、人才资源，但在提升民生质量方面，反而会遇到更大的阻碍。

表6-2　全国和得分较高的30个城市的宜居品牌影响力指数均值

	宜居声望		城市活力		民生质量		生态环境	
	全国平均值	得分较高的30个城市的平均值	全国平均值	得分较高的30个城市的平均值	全国平均值	得分较高的30个城市的平均值	全国平均值	得分较高的30个城市的平均值
2020年	0.3189	0.6628	0.2898	0.5523	0.2268	0.3105	0.2479	0.3797
2021年	0.3097	0.6740	0.2823	0.5943	0.2274	0.3056	0.1654	0.3199

资料来源：笔者自制。

2. "一带一路"节点城市宜居品牌的表现

"一带一路"包括"丝绸之路经济带"（以下简称"陆丝"）和"21世纪海上丝绸之路"（以下简称"海丝"），"一带"包括西安、兰州、西宁、重庆、成都、郑州、武汉、长沙、南昌、合肥10个节点城市；"一路"则以上海、天津、宁波、舟山、广州、深圳、湛江、汕头、青岛、烟台、大连、福州、厦门、泉州、海口、三亚16个城市为节点。

表6-3　"一带一路"节点城市宜居品牌各项指标均值情况

	宜居声望		城市活力		民生质量		生态环境	
	2020年平均值	2021年平均值	2020年平均值	2021年平均值	2020年平均值	2021年平均值	2020年平均值	2021年平均值
"陆丝"城市	0.6196	0.6344	0.5277	0.5608	0.2457	0.2513	0.3446	0.2872
"海丝"城市	0.5722	0.5813	0.4588	0.4917	0.2870	0.2872	0.3640	0.2878

资料来源：笔者自制。

对比发现，无论是"陆丝"城市还是"海丝"城市，在宜居声望、城市活力、民生质量指标上都有不同程度的提升，其中城市活力数值上涨最快；但同时，"陆丝"城市与"海丝"城市在生态环境方面都呈现出大幅下滑的态势。

对比"陆丝"城市与"海丝"城市，可以看出2020年和2021年"陆丝"城市除民生质量指标外，其他指标均优于"海丝"城市。值得一提的是，在民生质量方面，"陆丝"城市与"海丝"城市的差距有减小趋势。

（三）中国城市宜居品牌发展的问题与挑战

1. 生态环境指标下跌严重，原有短板并未补齐

纵观近年来宜居品牌发展指标，"生态环境"一贯是城市宜居品牌发展中的短板。在经济高速发展和生态保护的平衡博弈中，城市治理者和居民已经逐渐意识到生态环境对于身心健康、可持续发展的重要性。在这一大背景下，各级政府也积极响应号召，出台了一系列政策来保障城市中的"绿水青山"，并为"碳中和"的目标贡献力量。但同时我们看到，对比2020年的数据，2021年生态环境均值指标普遍下降，这一信号在某种程度上给接下来的城市治理提了要求：城市的生态环境短板，需要努力补齐了。

2. 高端宜居城市品牌稀少且过分倚重宜居声望、城市活力指标，民生关怀还需加强

高端宜居城市品牌稀少，就2021年数据而言，仅有北京、上海、深圳3个城市宜居品牌影响力指数超过0.6，指数在0.5—0.6的城市也仅有7个。且通过数据分析不难发现，高端宜居城市品牌得分过于倚重宜居声望、城市活力指标，尽管这些指标在一定程度上体现了人们居住城市的获得感，但在直接的民生质量指标上却表现不佳，未能体现高端宜居品牌的示范效应，以"人"为导向的宜居品牌建设应当成为重点。

3. 头部宜居城市与中尾部城市发展不同频，"马太效应"较为明显

2021年城市宜居品牌得分全国均值、中位数与2020年相比呈现一定程度的下滑趋势，中国七大区域得分平均值较2020年也有不同程度的下跌。在这一大背景下，得分较高的10个宜居城市的平均值较2020年有所上涨，这一现象体现出头部宜居城市与中尾部城市发展并不同频。在各大指标的测量中，不乏针对城市口碑的测量，其标准来源于纸媒与全网报道数据，这在一定程度上让头部宜居城市品牌以及部分"网红"城市呈现出独特的"马太效应"优势。

（四）推进城市宜居品牌发展的建议

1. 激活城市群宜居品牌势能，以点带面进行辐射

根据城市群宜居品牌影响力指数测算，得分较高的城市群分别为粤港澳大湾区、长三角城市群、珠三角城市群。在这三大城市群中，均有全国宜居品牌影响力指数得分较高的城市，如粤港澳大湾区中的香港、广州、深圳，长三角城市群中的上海、杭州、南京等。由于地理位置的接近，城市群内部具有诸多相似点，也有协同发展的潜力与可能，因此应激活城市群高端宜居品牌的势能，以点带面地进行辐射。

缪尔达尔曾提出"回波效应"和"扩散效应"理论，其中"回波效应"指发达地区（增长极）对周围落后地区的阻碍作用或不利影响，发达地区会促进各种生产要素向增长极回流和聚集，产生一种扩大地区经济发展差距的运动趋势，"扩散效应"则与之相反。站在"两个一百年"的历史交汇点、扎实推进共同富裕的时代背景下，我们应当切实思考如何将高端宜居品牌城市建设中的经验摸索应用到其他中尾部城市，在保持各

城市原有特色的前提下，建设好自己的宜居品牌。

2. 以技术为手段、以"人"为导向，建设人民满意的宜居城市品牌

"金杯银杯不如群众口碑，群众说好才是真的好。"建设宜居城市，最终的目的就是让百姓生活在城市之中，拥有幸福感和获得感。基于这样的目的，城市治理的各个环节中不能把"人"忽略，相反应该以"人"为导向，切实关注到百姓生活的难题，努力提升民生质量。

在数字化技术高歌猛进的当下，城市治理者也应具备"数字思维"，将数字技术融入宜居建设、为人服务。例如杭州推出的"城市大脑"，市民凭借它触摸城市脉搏、感受城市温度、享受城市服务，城市管理者通过它配置公共资源、作出科学决策、提高治理效能。以技术为手段，助力"人本"城市建设，能够更好地引导城市治理方向，让百姓感受到城市温度。

3. 更新宜居建设理念，打造新时代宜居城市典范

党的十九届五中全会审议通过的《中共中央关于制定国民经济和社会发展第十四个五年规划和二〇三五年远景目标的建议》中提出推进以人为核心的新型城镇化。近年来，住房和城乡建设部制定出台了一系列政策，牢守民生保障和生态保护底线，包括推动"韧性城市"建设，避免在城市升级过程中大拆大建，并能够凭自身的能力抵御灾害、快速恢复；推进"海绵城市"建设，让城市在适应环境变化和应对雨水带来的自然灾害等方面具有良好的弹性。此外，巴黎城市规划师卡洛斯提出的"15分钟城市"概念也正被更多城市所推崇，其重点在于"日常生活空间"城市生活圈的营造，让人们与"附近"的城市保持联结，从而获得个人生活的意义和城市发展的动力。这些新理念让城市的"宜居维度"更加丰富，体现了未来城市的

发展方向。

　　城市建设不能千篇一律，各个城市需要在新理念的指引下寻找适合自己的发展路线。例如，成都高新区以教育、养老、绿化作为抓手，打造"美丽宜居公园城市"，既具宜居普适性，又体现城市特色。

七 城市品牌传播影响力指数报告（2021）

当前，全球已进入品牌经济时代。对城市而言，仅仅"拼经济增速"的单一赛道已不适用，构筑城市品牌、传播城市品牌才是提升城市竞争力、实现高质量发展的有效路径。品牌传播为城市发展注入新动能，而处于后疫情时代的大背景下，中国城市品牌传播机遇与挑战并存。如何拥抱变化，树立核心竞争力，是城市品牌建设中必须思考的问题。

本报告聚焦2021年中国城市品牌传播影响力指数，采用城市知名度、城市关注度、媒体营销传播和城市IP传播4个二级指标进行综合评判。其一，城市知名度是城市品牌传播发展的首要指标，包含城市被国内外公众所知晓和了解的广度和深度，代表着城市品牌基础的识别程度。其二，城市关注度是社会公众经过认知层面上升到行为层面的重要参数，是城市在社会各群体中的"热度"体现。其三，媒体营销传播是基于传统媒体和新媒体平台对城市传播水平进行的测算，是城市品牌信息丰富性、渠道多元性和传播强效性的叠加。其四，城市IP是一个城市独有的文化识别，代表着城市人文精神和特色，由城市IP总体生态、城市IP传播状况以及区域公用品牌传播共同构成。

（一）总体发展态势

1. 总体发展态势

第一，城市品牌传播的整体水平呈回落趋势，与当前城市品牌影响力步调保持一致。2021年中国城市品牌传播影响力指数均值为 0.271，相较于 2020 年的均值 0.384 下降了 29.4%，并略低于城市品牌影响力总指数均值（0.277）。全国城市品牌传播的整体水平呈现较为显著的回落，但在总体趋势上，仍与城市品牌影响力步调保持一致（见图 7-1）。在 288 个样本城市中，有 114 个城市位于全国城市品牌传播指数平均值之上，比例为 40%，与 2020 年的 41% 相比略有下降。受到新冠肺炎疫情的长尾效应影响，全国城市品牌传播的整体水平呈回落趋势，但得分仍高于前三年中的最低年份数值（2018 年城市品牌传播指数均值为 0.245）。

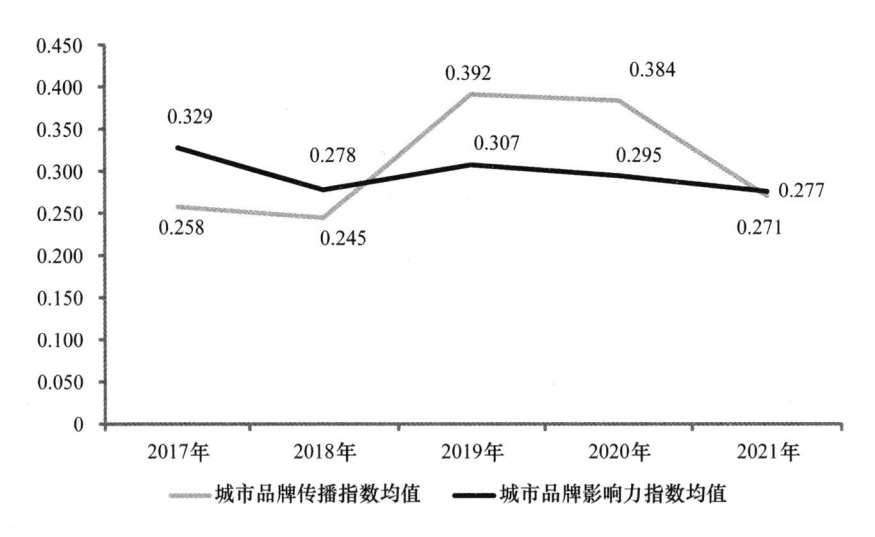

图 7-1 城市品牌传播指数和城市品牌影响力指数趋势

资料来源：笔者自制。

第二，城市品牌传播整体水平差距缩小，但发展不均衡的现象依然存在。2021年，中国得分较高的20个城市的品牌传播影响力指数均值0.570与得分较低的20个城市的品牌传播影响力指数均值0.117的差距较2020年有所减小，两极分化现象持续改善，但中国城市品牌传播发展水平不均衡的情况依然存在。0.6以上的头部城市有6个，占比为2%；0.2以下的尾部城市则有70个，占比达24.3%，为头部城市数量的10倍以上。由图7-2可见，中国城市品牌传播影响力指数中段走势平缓，但头部城市与尾部城市之间相差较多。如何改善城市品牌传播的两极分化现象，提升城市品牌传播的整体水平，依然是中国城市品牌传播中亟待解决的关键问题。

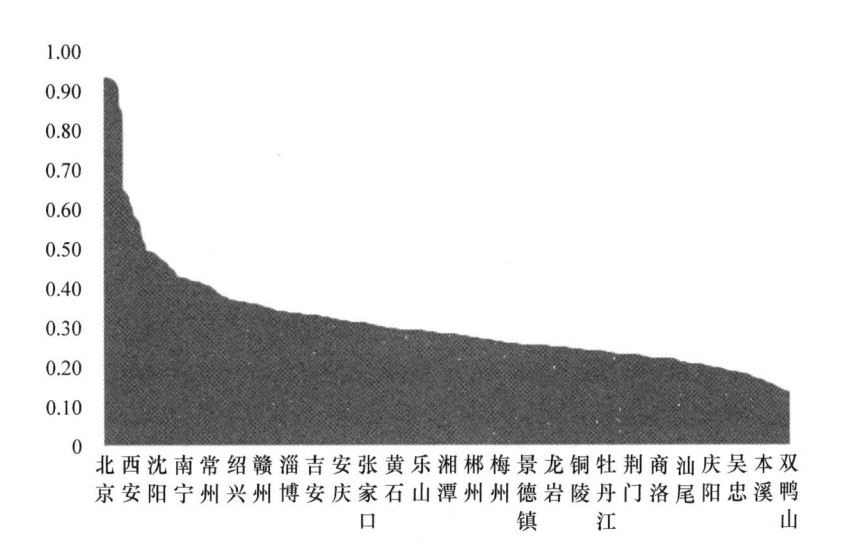

图7-2　2021年城市品牌传播影响力指数趋势

资料来源：笔者自制。

第三，北上持续领跑全国，武汉城市品牌传播影响力指数大幅提升，疫情之下关注度飙升。在2021年的中国城市品牌传播影响力指数评估中，北京得分仍然最高，城市品牌传播影响力指数为0.908，保持中国城市品牌传播的领军地位；上海得分为0.848，较2020年提高0.037；武汉得分为0.6387。从三个城市品牌传播影响力指数具体情况来看,三甲城市中,北上继续领跑全国品牌传播影响力指数,武汉跃升明显,但在分值上仍与北京、上海存在差距。

从城市品牌传播影响力指数具体指标来看(见图7-3),北京充分发挥首都优势,在媒体营销传播(1.000)和城市IP传播(0.9985)两项指标上均得分最高。上海作为一个开放包容、经济发达的国际大都市,各项指标得分均较高,其中城市关注度(0.9421)略高于北京(0.9312),达到全国榜首。然而在城市知名度指标上,北京和上海的得分分别为0.7017和0.5878,得分低于2021年城市知名度得分最高的香港(0.8374)。

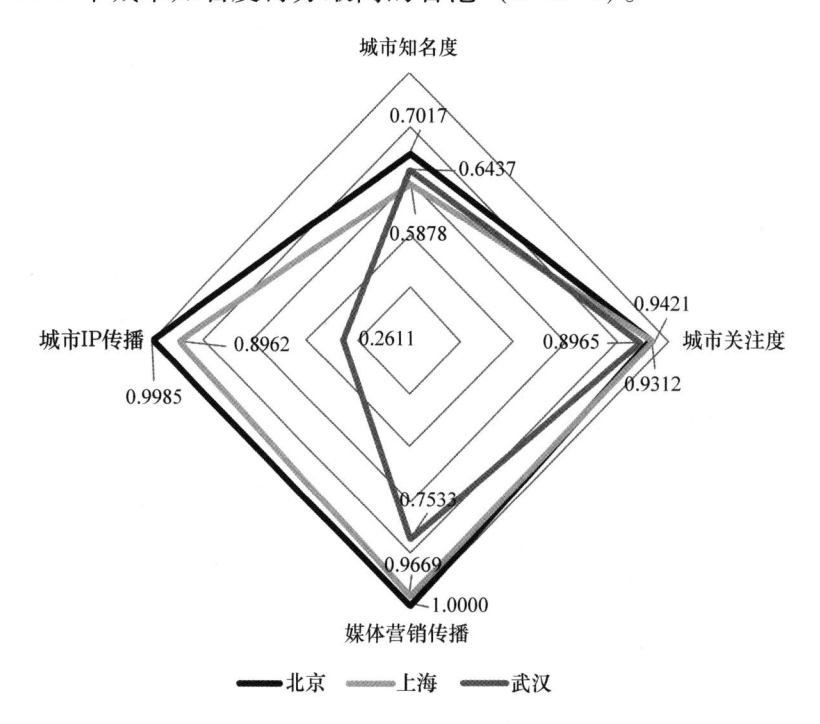

图7-3 2021年城市品牌传播影响力指数前三甲

资料来源:笔者自制。

武汉在媒体传播营销和城市IP传播两项指标上均与北京、上海之间存在一定差距,但其城市关注度指数得分(0.8965)较高。新冠肺炎疫情暴发以来,武汉得到世界范围内的高度关注,其抗击疫情取得的经验成果,亦在全国乃至世界范围内发出"强声量"。

第四,城市品牌传播全国格局稳中有变,华东地区持续领先,华北、华南地区增长强劲。从区域划分来看,华东地区2021年中国城市品牌传播影响力指数得分最高,平均指数为0.3117(见表7-1),其余六个区域依次为华北、华南、华中、西南、西北和东北地区。由数据观之,2021年华北地区、华南地区增长势头强劲(见表7-1)。在各区域城市品牌传播指数中,只有华东、华北、华南地区三个区域的平均值高于全国平均值,说明在中国城市品牌发展中,"马太效应"依然存在,地区发展不平衡。

表7-1　　　　2021年城市品牌传播影响力指数区域分析

	均值	最大值	
		城市	指数
华东地区	0.3117	上海	0.8483
华北地区	0.2871	北京	0.9079
华南地区	0.2772	深圳	0.6342
华中地区	0.2574	武汉	0.6387
西南地区	0.2491	重庆	0.5950
西北地区	0.2326	西安	0.5026
东北地区	0.2019	吉林	0.4603

资料来源:笔者自制。

从具体情况来看,城市品牌传播影响力指数得分较高的20个城市,华东地区占据7席,分别为上海、杭州、南京、青岛、济南、宁波。华东地区在城市品牌传播中摘得桂冠的主要原因是该区域聚集了较多品牌传播头部城市,经济发达程度与地区开放程度较高。华北和华南地区2021年分别只有2个城市位列20强,华北地区为北京和天津,华南地区为深圳和广州,均为该地区的老牌强市。华北、华南地区尽管区域总体品牌水平领

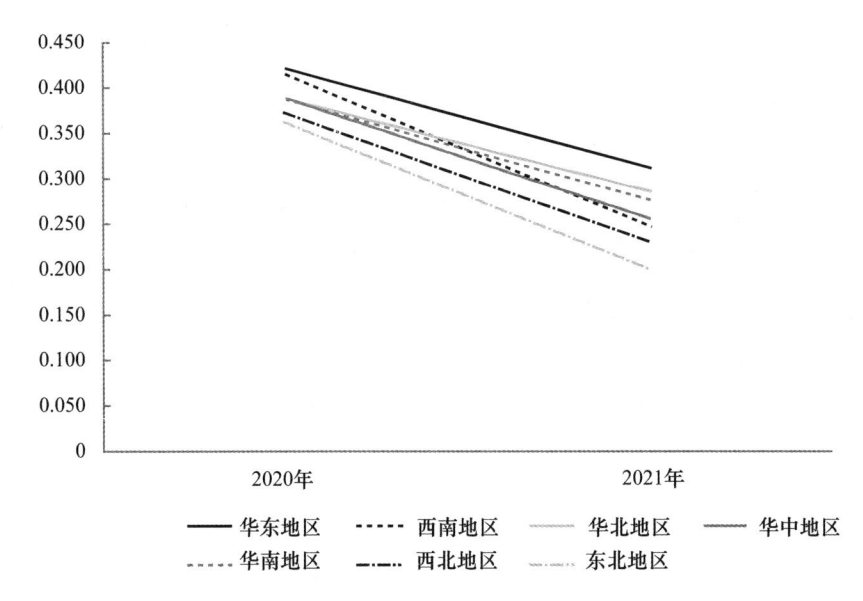

图 7-4　2021 年区域城市品牌传播影响力指数变化趋势

资料来源：笔者自制。

先，但需留意"新秀势力"不足的问题。华中地区有 3 个城市位列全国 20 强，区域突出城市增多。西南地区得分较高的仍为重庆和成都。西北和东北地区尚处于最末梯队，分别只有西安和吉林各 1 个城市入选全国 20 强。

2. 区域发展特征

中国城市品牌传播水平整体呈现东部沿海向内陆递减的趋势。其中，华东、华北地区为传统强势地区，华南地区 2020 年和 2021 年增长强劲。与此同时，西北、东北地区仍较为落后。

第一，华东地区品牌传播水平稳居区域之首，头部城市持续领跑。华东地区共有 77 个城市入选样本，是七大区域中入选样本最多的地区。在 77 个城市中，品牌传播影响力指数高于全国均值的达到 62.34%，较 2020 年同比增长约 2.6%，持续领跑全国。华东地区具有雄厚的经济基础和丰富的人文底蕴，上海、杭州、南京等头部城市实力强劲，在品牌传播方面亦是全国的"排头兵"。

表7-2 2021年城市品牌传播影响力指数区域均值比较分析　　（单位：个，%）

	样本数	高于全国平均值 城市数 个数	高于全国平均值 城市数 占比	高于区域平均值 城市数 个数	高于区域平均值 城市数 占比
华东地区	77	48	62.34	30	38.96
华北地区	33	14	42.42	11	33.33
华南地区	37	16	43.24	16	43.24
华中地区	42	10	24.00	18	42.86
西南地区	33	6	18.18	13	39.39
西北地区	30	9	30.00	13	43.33

资料来源：笔者自制。

第二，华北地区仍需激发品牌传播发展新动力。华北地区共有33个城市进入统计样本，其中有14个城市高于全国平均值，占比为42.42%。"老牌强城"北京和天津是华北地区唯二入选全国20强的城市，是带动华北区域品牌传播发展的主要力量。华北地区整体品牌传播水平有所上升，但仍需激发石家庄、太原等省会的潜力，为区域品牌传播发展注入新动能。

第三，华南地区中广东表现亮眼，区域整体传播水平有所提升。华南地区共有37个城市进入统计样本，其中有16个城市高于全国平均值，占比为43.24%。深圳为华南地区品牌传播影响力指数最高的城市，与2020年保持一致。得益于近年来粤港澳大湾区建设的推进，华南地区在城市关注度（0.4527）、媒体营销传播（0.3254）和城市IP传播（0.0442）指标上的表现优于全国平均水平。在华南地区的三个省份中，广东的品牌传播总体水平高于广西、海南，区域内部存在一定差距，龙头效应有待进一步发挥。

第四，华中地区的武汉、郑州成绩不俗，城市品牌识别度仍需加强。华中地区共有30个城市进入统计样本，其中有9个城市高于全国均值，占比为24%，与华东、华北和华南地区之间存在显著差距。2021年，华中地区进入全国品牌传播20强的城市与2020年保持一致，仍为武汉和郑州。可以看出，华中地区重点城市品牌传播水平有所提升，但如何为整个区域持续增长注入活力，提高地区城市品牌识别度，仍是华中地区需要关注的方面。

第五，西南地区整体传播水平有待提升。其中，区域龙头城市得分有升有降，总体波动相对较小。然而，在西南地区进入统计样本的33个城市中，仅有6个城市高于全国平均值，占比为18.18%，与2020年的30.3%差距较大。可见，西南地区尾部城市基数依然较大，总体品牌传播水平亟待提升。

第六，西北地区的西安一枝独秀，区域发展水平普遍偏低。西北地区共有42个城市进入统计样本，其中有10个城市高于全国平均值，占比为30%，高于华中、东北和西南地区。可见，西北地区内部品牌传播差距较小，但区域总体传播水平普遍偏低，区域品牌传播均值（0.2326）相较于全国均值（0.2705）低出14%。而在头部城市方面，西北地区的几个省会中，只有西安入选全国20强。对西北地区而言，在头部城市的带动效应与区域总体发展水平上均需发力。

第七，东北地区龙头城市声量不足，整体区域传播亟待振兴。东北地区共有34个城市进入统计样本，其中有7个城市高于全国平均值，占比为20.59%，较2019年有所提升。东北地区品牌传播影响力指数在七大区域中均处于末位，2021年入选全国20强的城市仅有吉林1个。而2020年入选20强的沈阳和大连，2021年得分较低。东北地区的城市品牌在全国范围内声量不足，地方文化与城市故事未得到良好传播，需要借助多元传播手段振兴东北城市品牌。

（二）数据聚焦发现

2021年，中国城市品牌传播影响力指数与2020年相比变动较为明显。表7-3显示，城市关注度的平均值相对2020年有所提升，而受新冠肺炎疫情冲击，城市知名度、媒体营销传播指数略有下降。同时，为更加全面、立体地对城市品牌传播水平进行衡量，2021年引入了"城市IP传播"这一全新分项测量指标。从整体来看，四项二级指标2021年的指数平均值之间存在一定差距，进行城市品牌传播必须着眼于全方位发展。

表7-3　　　　　　　城市品牌传播影响力指数平均值

	城市知名度	城市关注度	媒体营销传播	城市IP传播
2020年平均值	0.394	0.400	0.372	0.368
2021年平均值	0.293	0.430	0.316	0.039

资料来源：笔者自制。

1. 城市关注度稳中向好，是2021年唯一增长的二级指标

2021年，城市关注度指数的平均值为0.430（见表7-3），相对2020年有所提升，也是2021年唯一有所增长的二级指标。

本报告中的城市关注度主要从网络关注度和研究关注度两方面来评估，网络关注度主要参考城市名百度指数，研究关注度主要参考知网期刊论文数量。近年来，中国城市品牌在互联网和相关领域的研究中"热度"不减。随着疫情防控常态化与全方位复产复工的推进，人们对城市的关心程度有所上升。加之互联网技术蓬勃发展，城市品牌的数字化传播日趋多元化，人们可以通过多种渠道获取其想了解的城市资讯。同时，城市品牌的相关研究也在持续推进，疫情期间涌现的大量城市样本也为学术界提供了深入研究的案例选择。在后疫情时代城市知名度与媒体营销传播受到影响的大背景下，城市关注度仍是城市品牌传播发展的重要助推器。把握"聚光灯"效应下的关注度，赋能品牌传播整体水平提升，是当前城市品牌建设的重要机遇。

2. 城市IP传播指数出现断层，IP打造亟待关注

城市IP传播指数是2021年开始采用的全新测量指标，从城市IP生态、城市IP传播和区域公用品牌传播三方面来评估。城市IP生态主要参考"城市名+网红"纸媒及全网数据量，城市IP传播主要参考"城市名+城市IP"纸媒及全网数据量，区域公用品牌传播主要参考"城市名+地理标志"纸媒及全网数据量。

2021年，中国城市IP传播指数平均值为0.039（见表7-4），本报告主要通过横向对比来对该指标进行分析。表7-4显示，城市IP传播指数0.8以上的城市仅有北京、上海两个，而深圳的数值仅为0.3632，约为北京的1/3。城市IP传播指数0.3以上的城市仅有5个，0.2以上的城市有10个，沈阳的城市IP传播指数已达到0.1以下。全国有180个城市的城市IP传播指数低于0.02，占比为62.5%。可见中国城市IP传播指数出现严重断层，头部城市IP传播发展水平极高，而绝大部分城市尚未形成别具特色的IP传播，整体水平较低。

表7-4　　2021年城市IP传播指数得分较高的城市

	2021年城市IP传播指数
北京	0.9985
上海	0.8962
深圳	0.3632
杭州	0.3595
广州	0.3455
成都	0.2994
武汉	0.2611
南京	0.2609
重庆	0.2561
香港	0.2491
西安	0.1876

续表

	2021年城市IP传播指数
天津	0.1866
苏州	0.1636
长沙	0.1524
宁波	0.1406
青岛	0.1325
中山	0.1285
厦门	0.1173
郑州	0.1135
沈阳	0.0925

资料来源：笔者自制。

城市IP是一个城市的"文化芯片"，也是面向未来的城市创新之路。目前，北京、上海等头部城市IP传播发展已较为成熟，而国内其他城市的IP塑造与传播亟待关注。

3. 城市品牌传播竞争激烈，得分波动较大

2021年城市品牌传播影响力指数得分较高的城市，与2020年相比，波动较为显著，昭示着传统城市与新锐城市之间的不断博弈。激烈的竞争，也表明了发展机遇与核心竞争力对城市品牌传播的重要性。

2021年，部分新锐城市得分涨幅较大。其中具有代表性的是武汉，是10强城市中进步最大的城市，十分值得重视。此外，吉林和中山的得分也增长较快。与此同时，一些传统强势城市成都、南京和宁波的城市传播影响力指数得分下降。

从总体趋势来看，华中地区涨势明显，而华东、西南地区则在个别城市轻微跃升的同时，出现得分下降较大的城市。品牌传播影响力指数得分波动与城市的整体发展相关，无论新锐城市还是传统强市，打造城市独特竞争力，塑造城市强大文化引擎，都是持续提升品牌传播水平的重要途径。

表7-5　　2021年城市品牌传播影响力指数得分较高的城市

	2021年传播影响力指数
北京	0.9079
上海	0.8483
武汉	0.6387
深圳	0.6342
广州	0.6241
杭州	0.6028
重庆	0.5950
成都	0.5625
天津	0.5595
香港	0.5544
南京	0.5267
西安	0.5026
青岛	0.4809
苏州	0.4745
郑州	0.4655
济南	0.4655
长沙	0.4648
宁波	0.4633
吉林	0.4603
中山	0.4518

资料来源：笔者自制。

（三）中国城市品牌传播现存问题与挑战

后疫情时代，中国城市品牌传播进程仍受到来自社会环境的影响。2021年，中国城市品牌影响力总指数均值为0.277，较2020年的均值（0.295）同比下降约6%。在城市品牌影响力总指数的各项一级指标中，中国城市品牌传播影响力指数均值为0.271，较2020年的均值（0.384）同比下降约29%。中国城市品牌传播水平呈现一定程度的回落，需解读数据背后的城市品牌传播现状，分析中国城市品牌传播发展进程中的现存问题，以探寻改进与提升的路径。

1. 城市品牌传播整体水平下滑，疫情大考挑战仍存

受疫情长尾效应影响，2021年中国城市品牌影响力总指数与中国城市品牌传播影响力指数均继续下降，其中城市品牌传播指数较2020年同比下降幅度达到29%。在城市品牌传播指数的4个二级指标中，仅有城市关注度1个分项均值有所上涨。媒体营销传播指数均值较2020年同比下降15%，城市知名度指数均值则较2020年同比下降26%。

由此可见，中国城市品牌传播整体进程依然面临着疫情大考所带来的挑战。城市品牌传播影响力指数在2020年与2021年的连续回落趋势，一方面表明疫情影响下城市生产生活模式受到一定限制，人们更加关注马斯洛需求层次理论中的生存与安全需求，城市品牌传播难以避免地面临"危机"；另一方面，疫情大考同时也为城市品牌传播带来机遇。以武汉为例，2021年武汉城市品牌传播影响力指数得分升高，就得益于其在抗击疫情中对武汉"英雄城市"的形象塑造以及"战疫故事"的立体传播。在疫情云翳还未完全散去的当下，城市应把握危机共生的现状，危中寻机，化危为机，逐步遏制城市品牌传播的整体水平下滑趋势。

2. 第一梯队格局较为固定，新锐城市增长动能不足

目前，中国城市品牌传播的一个突出问题在于头部城市具有深厚的优势基础，城市品牌的第一梯队格局较为固定，而后进新锐城市增长动能不足，缺乏有力的竞争点。城市品牌传播的两极分化现象虽稍有改善，但长期发展不平衡的状态难以打破。

与传统强市稳居第一梯队现状相对应的是,中国城市品牌传播的新锐力量增长动能不足,尚未建立起自己的差异化"硬实力"。以华北地区为例,北京、天津作为老牌城市,在文化底蕴、经济建设和品牌传播上都属全国前列。而华北地区的其他省会石家庄、太原、呼和浩特等,在全国品牌传播影响力指数排行中表现欠佳。究其根本,在于这些城市尚未构建独具特色的核心竞争力,未形成深入人心的城市故事,在传播的内容蓝本上不具备优势。同时,石家庄、太原等城市对新型传播媒介的应用不够深入,在传播的方式渠道上无法全方位触达受众。

3. 城市群和省域城市尚未形成共同发展的有机体

区域协调发展战略是党的十六届三中全会提出的"五个统筹"之一,近年来,中国积极推进城市群建设,建立起粤港澳大湾区、长三角等一批城市群。由图7-5可见,中国各城市群之间的品牌影响力水平参差不齐。2021年城市群品牌影响力指

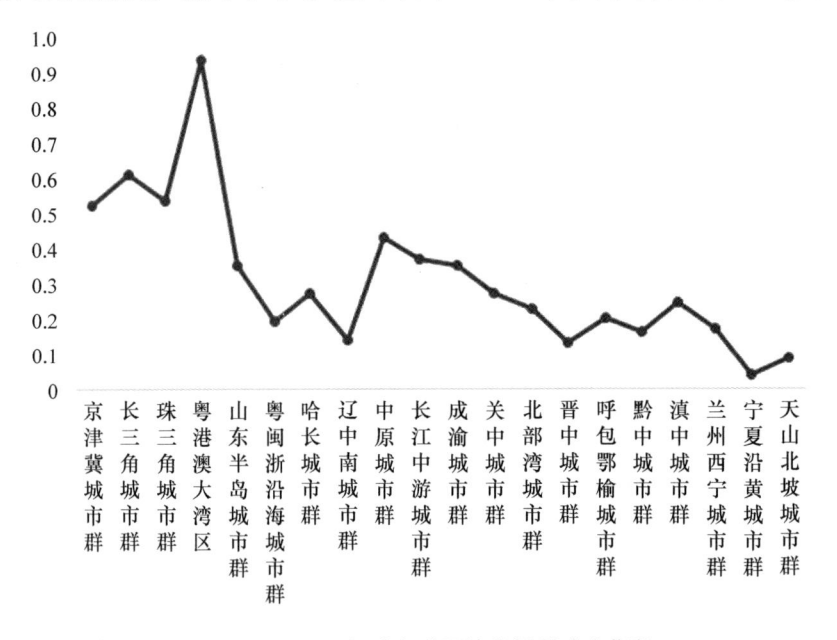

图 7-5 2021年城市群品牌传播影响力指数

资料来源:笔者自制。

数显示，粤港澳大湾区、长三角城市群、珠三角城市群与京津冀城市群指数均在0.5以上，在20个城市群中占比20%。而品牌影响力指数在0.2以下的城市群数量高达12个，是头部城市群数量的4倍之多。除去4个头部城市群之外，大多数城市群未充分发挥出区域集聚发展的力量，内部要素统筹不到位。20个城市群品牌影响力指数的中位数为关中城市群和哈长城市群的0.271，指数仅为粤港澳大湾区的29%，数值差异较大。

与城市群品牌传播影响力指数相类似，中国省域品牌传播影响力指数（见图7-6）同样呈现出发展水平不均衡，非头部省域的品牌传播发展动力不足等问题。

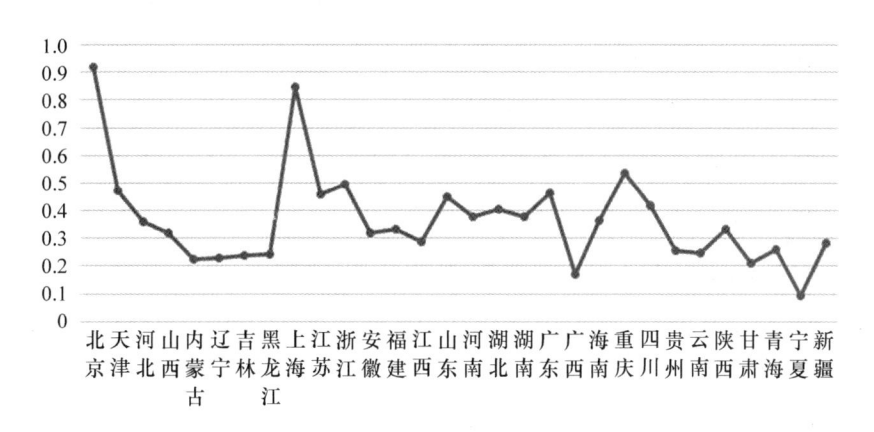

图7-6 2021年省域品牌传播影响力指数

资料来源：笔者自制。

城市群品牌与省域品牌的发展必须以核心城市品牌为增长极加以带动。据2021年中国城市品牌传播影响力指数，粤港澳大湾区中的深圳和广州对城市群的品牌传播发展具有高贡献度。反观关中城市群，虽包含西安这一核心城市品牌，但城市群内部连接较为松散，核心城市的辐射与扩散作用不足。对城市群品牌和省域品牌而言，加快建立共生共联的有机统一体，是真正实现城市品牌区域协同发展的有效路径。

（四） 中国城市品牌传播的改进建议与对策

1. 融新兴媒介与城市故事于一体，进行立体化城市传播

城市故事"讲"得好，不仅需要故事内容本身符合城市底蕴和现代需求，更应该注重故事"如何讲"，既要"讲"得出彩，也要"讲"到每个城市接触者的心里。

如今，新媒体飞速进步的技术基础，当代人不断与新兴媒介交融的生活方式，以及传播方式和手段之间的交织互补，都让新兴媒介在信息沟通和交流中扮演越来越重要的角色。借助新兴媒介，会让城市故事具备更广的传播度，也会增加其"可见"和"可感"性，从而才能达到更高的好感度和记忆度。同样，新兴媒介以其多样性存在于城市空间的各个角落，人们生活的每一时刻，将城市故事与新兴媒介融合，有助于塑造形成对于城市恒定的、亲切的感知。

在实践中，可以积极探索图文、音视频在城市空间中的传播，对具有城市性格和记忆点的事件或场所进行多样化呈现。以2021年城市品牌传播影响力指数得分较高的武汉为例，融媒体慢直播"武汉日夜"、微纪录片《武汉日记》，都以新媒介形式为载体，讲述"英雄武汉"的城市故事，向外传递武汉的立体化城市形象。而在城市故事的体验感上，可积极运用VR/AR/MR、游戏交互等新兴媒体形态，着重突出互动性、沉浸式和体验感，为"讲"故事提供更新颖丰富的载体，从而达成在城市故事的构建中，实现人、自然和社会的共生。

2. 挖掘城市文脉，引进特色符号，综合打造城市超级IP

IP（Intellectual Property）本义为"知识产权"，而城市IP本质上是一个城市别具特色的文化符号。一个成功的文化IP，在可识别之外，还具备一定的产业属性，拥有"自带流量"的

性质，是城市发展的创新突围之路。

开发城市 IP，要从挖掘城市固有文脉入手。2021 年中国城市 IP 传播指数中，北京得分最高，这得益于其城市本身固有的深厚历史积淀与丰富文脉资源。无论是故宫、长城等知名历史地标，还是胡同文化等极富市井人文韵味的特色品牌识别，都为北京孕育了打造城市 IP，创造"超级符号"的土壤，为其城市品牌传播注入源源不断的活力。

打造城市 IP，需引进特色符号，赋能 IP 生态。对城市 IP 打造而言，在挖掘自身文脉之外，积极引进外界特色符号，如引进知名主题乐园、举办全球性大型赛事等，都有助于实现文化符号的叠加效果，为综合打造城市"超级符号"赋能。

3. 发挥集群效应，充分整合资源，开辟全新品牌增长点

城市品牌的传播发展过程中，对于单个城市增长受阻、后劲不足的瓶颈以及城市群内部发展不均衡的困境，可通过盘活区域内品牌资源，充分发挥城市集群效应，从而开辟出全新的品牌增长点，助推城市与区域整体品牌传播水平上升。

粤港澳大湾区正是将城市集群效应发挥到极致的典型。2021 年城市群品牌影响力指数显示，该城市群品牌传播影响力指数摘得全国桂冠，这得益于大湾区已通过区域协同发展建立起势头强劲的品牌增长点。其中，珠海横琴作为粤港澳深度合作区，已在城市群全方位协同发展的助推之下，完成从边陲海岛到开发热岛的华丽转身。政策层面，成立横琴粤澳深度合作区管理机构，从此进入全面实施、加快推进的建设新阶段。人才层面，聚焦发展科技研发和高端制造产业，吸纳大湾区各地科技人员，构筑人才高地。交通层面，着力打造横琴驶入大湾区"一小时交通圈"，缩短时空距离。横琴是大湾区城市集群高效发展的缩影，反映出单个城市品牌与城市群品牌之间相互作用，为中国城市群的品牌传播发展提供了先行经验。

城市品牌传播不是独立的单行道，在未来，城市品牌传播需要进行更多优势互补、取长补短的协同尝试。依靠集群效应的力量，将城市群品牌和省域品牌打造成协同发展的有机体，碰撞出全新的品牌增长点，实现城市品牌传播的多赢局面。

附录一　城市品牌影响力指数指标设计与测量方法

（一）指标体系

附表1　中国城市品牌影响力指数（CBII）指标体系

一级指标	二级指标	三级指标	指标衡量方法
U1 城市文化品牌影响力指数	U1.1 文化独特性	U1.1.1 文化渊源	建城历史（年）
		U1.1.2 文化特色	世界文化遗产（每个25分）、UCCN（每个25分）、国家级非遗（每个2分）、省级非遗（每个0.1分）
		U1.1.3 独特性感知	"城市名+独特"纸媒及全网数据量①
	U1.2 文化潜力	U1.2.1 文化产业	每万人文化、体育和娱乐业从业人数
		U1.2.2 文化氛围	博物馆数量（个）、众创空间创新创业活动数（场次）、每百人公共图书馆藏书量（册）
		U1.2.3 友善气质	"城市名+友善"纸媒及全网数据量
	U1.3 文化活力	U1.3.1 文化影响力	"城市名+文化"纸媒及全网数据量
		U1.3.2 文化创新	著作权登记数量（个）
		U1.3.3 创新氛围	"城市名+创新"纸媒及全网数据量
	U1.4 文化吸引力	U1.4.1 舆论关注度	城市名百度关注指数
		U1.4.2 研究关注度	"城市名+城市文化"知网期刊主题词文章数量
		U1.4.3 城市文化口碑	"城市名+文化"纸媒及全网数据量

① 全网数据量包括微信、论坛、博客、微博、App新闻、问答、视频、网络新闻传播量，下同。

续表

一级指标	二级指标	三级指标	指标衡量方法
U2 城市旅游品牌影响力指数	U2.1 旅游人气	U2.1.1 境内外旅游人气	境内外游客数量（万人）
		U2.1.2 国际旅游人气	国际游客数量（万人）
		U2.1.3 目的地声望	"城市名+旅游"纸媒及全网发文量
	U2.2 旅游吸引力	U2.2.1 文化资源	世界文化遗产（每个25分）、UCCN（每个25分）、国家级非遗（每个1分）、省级非遗（每个0.1分）
		U2.2.2 旅游吸引物	5A景区数（5分）、4A景区数（1分）、世界文化/自然遗产（25分）
	U2.3 旅游发展效益	U2.3.1 旅游收入	旅游总收入（万元）
		U2.3.2 旅游增长	旅游总收入增长率（%）
	U2.4 旅游营销传播	U2.4.1 纸媒传播	"城市名+旅游"纸媒报道发文量
		U2.4.2 网络传播	"城市名+旅游"全网数据量
U3 城市投资品牌影响力指数	U3.1 经济基础	U3.1.1 发展水平	GDP（亿元）、人均GDP（元）、城镇居民人均可支配收入（元）、城镇居民人均可支配收入增长率（%）
		U3.1.2 人力资源	每万人科学研究及金融从业数（人）
		U3.1.3 企业质量	500强及上市企业数（个）
		U3.1.4 营商环境声望	"城市名+投资"纸媒及全网数据量
	U3.2 投资活力	U3.2.1 载体质量	国家级新区（30分）、国家级开发区（10分）、国家级高新区（20分）、自贸区（30分）
		U3.2.2 投资吸引力	新增投资额（亿元）
		U3.2.3 投资绩效	新增企业数（个）、新增就业数（人）
		U3.2.4 经济发展预期	"城市名+持续增长"、"城市名+信心"纸媒及全网数据量
	U3.3 创新创业潜力	U3.3.1 创新投入	R&D人员（人）、R&D内部经费支出（万元）
		U3.3.2 创新绩效	专利申请量（个）、专利授权量（个）、发明专利（个）、众创空间纳税额（千元）、孵化器纳税额（千元）
		U3.3.3 高校质量	各城市最好大学排名
		U3.3.4 平台与设施	众创空间数（个）、孵化器数（个）
		U3.3.5 创新创业口碑	"城市名+创新创业"纸媒及全网数据量
	U3.4 投资营销传播	U3.4.1 招商引资传播	"城市名+投资"纸媒及全网数据量
		U3.4.2 营商环境声望	"城市名+营商环境"纸媒及全网数据量

续表

一级指标	二级指标	三级指标	指标衡量方法
U4 城市宜居品牌影响力指数	U4.1 宜居声望	4.1.1 美丽城市口碑	"城市名+美丽城市"纸媒及全网数据量
		4.1.2 美食城市口碑	"城市名+美食"纸媒及全网数据量
		4.1.3 和谐城市口碑	"城市名+安全城市""城市名+和谐城市"纸媒及全网数据量
		4.1.4 生活品质口碑	"城市名+宜居""城市名+生活品质""城市名+幸福"纸媒及全网数据量
	U4.2 城市活力	U4.2.1 人才吸引力	大学生创业人数（人）
		U4.2.2 创业活力	众创空间创业团队数（个）
		U4.2.3 社交空间	建成区每平方千米酒吧、饭店、咖啡馆、购物中心、公园的数量（个）
		U4.2.4 活力城市口碑	"城市名+活力"纸媒及全网数据量
	U4.3 民生质量	U4.3.1 教育文化	小学生人数增长率（%）、中学指数、大学指数、每百人公共图书馆藏书数量比（市/辖区,%）
		U4.3.2 公共医疗	每万人拥有医生数（个）、病床数（个）、三甲医院数（个），流动人口健康档案覆盖率
		U4.3.3 社会保障	每百人城镇职工养老、基本医疗和失业保险参保人数（个）；就业和医疗卫生财政支出（万元）；每万人刑事案件逮捕人数（人）
		U4.3.4 居民消费水平	物价指数
		U4.3.5 人居基础设施	交通拥堵指数、排水管道密度指数
	U4.4 生态环境	U4.4.1 环境质量	PM2.5年均浓度值（微克/立方米）、建成区绿化覆盖率（%）、城市垃圾处理率（%）、"城市名+韧性"纸媒及全网数据量
		U4.4.2 生态保护	国家级自然保护区数量（个）、面积（万公顷）
		U4.4.3 环境保护	单位GDP二氧化硫排放量的倒数
		U4.4.4 生态城市口碑	"城市名+生态城市"纸媒及全网数据量、"城市名+绿色"纸媒及全网数据量

续表

一级指标	二级指标	三级指标	指标衡量方法
U5 城市品牌传播影响力指数	U5.1 城市知名度	U5.1.1 国内知名度	城市名百度新闻搜索信息数量
		U5.1.2 国际知名度	城市英文名称 Google 新闻搜索信息量
	U5.2 城市关注度	U5.2.1 网络关注度	城市名百度指数
		U5.2.2 研究关注度	城市名知网期刊论文数量（篇）
	U5.3 媒体营销传播	U5.3.1 纸媒报道	城市名纸媒报道发文量
		U5.3.2 互联网传播	城市名全网数据量
	U5.4 城市 IP 传播	U5.4.1 城市 IP 生态	"城市名 + 网红" 纸媒及全网数据量
		U5.4.2 城市 IP 传播	"城市名 + 城市 IP" 纸媒及全网数据量
		U5.4.3 区域公用品牌传播	"城市名 + 地理标志" 纸媒及全网数据量

资料来源：《中国城市品牌影响力报告》课题组设计。

（二）数据来源

指标测算的全部数据均来源于国家统计局、各省统计局及相关城市统计公报，中国社会科学院城市与竞争力研究中心数据库，以及百度、谷歌、中青华云大数据平台等。其中，中青华云大数据的爬虫、数据框是全量数据，数据维度为论坛、新闻、博客、微博、微信、纸媒、App、问答和视频 9 个维度之精准匹配数据（凡标明"全网数据量"的数据项均为上述维度的数据汇总），截取时段为 2021 年 1 月 1 日至 8 月 30 日。

（三）样本选择

中国城市品牌影响力指数（CBII）2021 年的考察样本包括中国 30 个省（自治区、直辖市）的 286 个地级以上城市及香港、澳门两个特别行政区；省域品牌影响力指数（PBII）考察样本选取内地 30 个省（自治区、直辖市）；城市群品牌影响力指数（ABII）则选取"十三五"规划纲要提出的19个城市群另加粤港澳大湾区共计20个城市群作为考察样本。

（四）计算方法

统一评估流程和数据处理方法可以在相当程度上保证结果的可用性，便于结果进行横向和纵向的比较，从而保持城市品牌发展评估的持续性和稳定性。因此，本报告评估体系的指标测算秉承科学性和标准化的原则，严格按照指标评估体系的特点选择评估方法。

1. 逆向指标处理

综合评价指标体系中经常会出现逆向指标，在本报告中，不同性质指标对城市品牌的作用力不同，无法通过直接合成来反映综合结果。因此，要考虑改变逆指标的数据性质，对其进行正向化处理，使所有指标对城市品牌的作用力同趋化，从而构建一致、有意义的综合指数。正向化处理的方法有取倒数、取相反数、极大值法等。

2. 无量纲化

对于多指标综合评价体系，必须对性质和计量单位不同的指标进行无量纲化处理，以解决数据的可比性问题。无量纲化就是把不同单位的指标转换为可以对比的同一单位的指标数值，用于比较和综合分析。无量纲化函数的选取，一般要求严格单调、取值区间明确、结果直观、意义明确、尽量不受指标正向或逆向形式的影响。无量纲化的方法一般有标准化法、极值法和功效系数等方法。本书选取极值法来消除量纲的影响。极值法的公式如下：

$$X = \frac{x - x_{min}}{x_{max} - x_{min}}$$

其中，x为评价指标，x_{max}和x_{min}分别对应指标x的最大值和最小值。

3. 指标权重

在多指标综合评价中，指标权数的确定直接影响着综合评价的结果，权数数值的变动可能引起被评价对象优劣顺序的改变。权重系数的确定是综合评价结果是否可信的一个核心问题。在CBII指数权重结构中，我们认为城市文化品牌影响力指数、城市旅游品牌影响力指数、城市投资品牌影响力指数、城市宜居品牌影响力指数和城市品牌传播影响力指数虽内涵各异，但五个单项指数对总的中国城市品牌影响力指数具有同等的重要性，即上述五个单项指数在计算总指数时应该是等权的。而在每个单项指数内，由于指标数量较少，构成简单，每个子指标合成上一级指标时也采用等权重的方法。

区域品牌影响力指数包括省域品牌影响力指数（PBII）和城市群品牌影响力指数（ABII），与城市品牌影响力指数（CBII）的计算方法基本一致，但在指标权重方面略有调整。在PBII和ABII的5个一级指标中，凡是二级指标中的CBII均值指标，均占40%的权重，其余二级指标共占60%的权重，并据此在三级指标中设置等权。

4. 指数合成

确定了各指标及子指数，最后一步就是把这些子指数合成为一个综合指数，从而得到一个城市品牌的综合评价。本报告选择几何平均法进行综合指数的合成。几何平均法合成指数的公式如下：

$$X = \prod x_i^{w_i}$$

其中，x_i为第i个子指标，w_i为第i个子指标的权重，X为合成后的综合指标。

附录二 2021年中国288个样本城市的CBII得分

附表2 2021年中国288个样本城市的城市品牌影响力指数得分

	CBII	文化品牌影响力指数	旅游品牌影响力指数	投资品牌影响力指数	宜居品牌影响力指数	品牌传播影响力指数
北京	0.855	0.905	0.867	0.894	0.699	0.908
上海	0.776	0.800	0.707	0.856	0.667	0.848
杭州	0.631	0.671	0.671	0.674	0.537	0.603
深圳	0.622	0.579	0.532	0.751	0.612	0.634
重庆	0.609	0.632	0.659	0.617	0.542	0.595
广州	0.606	0.671	0.564	0.631	0.541	0.624
成都	0.599	0.717	0.629	0.567	0.521	0.563
武汉	0.584	0.644	0.591	0.567	0.476	0.639
南京	0.564	0.638	0.569	0.602	0.482	0.527
天津	0.563	0.619	0.505	0.602	0.529	0.560
香港	0.561	0.671	0.401	0.618	0.559	0.554
西安	0.546	0.633	0.566	0.561	0.469	0.503
苏州	0.534	0.585	0.579	0.566	0.466	0.475
宁波	0.505	0.540	0.552	0.523	0.446	0.463
长沙	0.502	0.540	0.538	0.517	0.450	0.465
青岛	0.496	0.552	0.487	0.537	0.422	0.481
厦门	0.482	0.433	0.507	0.521	0.507	0.444
郑州	0.482	0.516	0.532	0.477	0.418	0.466
济南	0.464	0.532	0.463	0.474	0.385	0.466

续表

	CBII	文化品牌影响力指数	旅游品牌影响力指数	投资品牌影响力指数	宜居品牌影响力指数	品牌传播影响力指数
沈阳	0.461	0.516	0.467	0.449	0.444	0.431
昆明	0.441	0.471	0.494	0.436	0.399	0.406
合肥	0.440	0.435	0.442	0.471	0.405	0.445
福州	0.437	0.473	0.453	0.461	0.396	0.401
大连	0.432	0.451	0.416	0.465	0.400	0.426
南昌	0.428	0.460	0.468	0.422	0.406	0.386
无锡	0.427	0.443	0.432	0.452	0.392	0.414
洛阳	0.421	0.472	0.546	0.372	0.336	0.380
哈尔滨	0.420	0.461	0.471	0.426	0.351	0.390
中山	0.418	0.462	0.383	0.378	0.413	0.452
长春	0.417	0.393	0.495	0.446	0.363	0.390
温州	0.416	0.420	0.478	0.410	0.377	0.396
嘉兴	0.411	0.421	0.485	0.413	0.365	0.374
佛山	0.411	0.462	0.420	0.409	0.387	0.377
澳门	0.411	0.478	0.393	0.394	0.405	0.384
太原	0.410	0.428	0.368	0.400	0.431	0.425
吉林	0.407	0.432	0.409	0.384	0.351	0.460
东莞	0.406	0.413	0.387	0.450	0.380	0.399
绍兴	0.394	0.457	0.454	0.393	0.328	0.335
石家庄	0.391	0.403	0.424	0.350	0.382	0.395
南宁	0.389	0.388	0.469	0.378	0.319	0.392
扬州	0.387	0.462	0.409	0.363	0.345	0.355
贵阳	0.383	0.356	0.466	0.389	0.359	0.348
泉州	0.380	0.438	0.413	0.359	0.352	0.340
兰州	0.379	0.372	0.393	0.408	0.351	0.368
湖州	0.378	0.376	0.448	0.381	0.355	0.332
金华	0.377	0.372	0.459	0.373	0.333	0.350
桂林	0.377	0.421	0.487	0.315	0.351	0.311
海口	0.377	0.360	0.411	0.389	0.340	0.383
常州	0.374	0.381	0.392	0.387	0.351	0.360

续表

	CBII	文化品牌影响力指数	旅游品牌影响力指数	投资品牌影响力指数	宜居品牌影响力指数	品牌传播影响力指数
珠海	0.370	0.365	0.344	0.412	0.335	0.395
保定	0.367	0.455	0.381	0.378	0.286	0.334
南通	0.360	0.393	0.246	0.399	0.359	0.402
烟台	0.354	0.352	0.390	0.380	0.320	0.330
徐州	0.354	0.412	0.335	0.367	0.318	0.336
台州	0.349	0.346	0.437	0.343	0.297	0.324
大同	0.349	0.419	0.365	0.309	0.315	0.339
延安	0.342	0.410	0.326	0.302	0.288	0.385
赣州	0.334	0.336	0.431	0.316	0.266	0.320
惠州	0.333	0.334	0.344	0.352	0.308	0.328
潍坊	0.329	0.327	0.361	0.329	0.301	0.329
遵义	0.329	0.385	0.423	0.287	0.264	0.283
三亚	0.329	0.254	0.433	0.321	0.293	0.342
黄山	0.328	0.383	0.446	0.262	0.260	0.291
唐山	0.328	0.314	0.359	0.357	0.287	0.322
镇江	0.327	0.373	0.332	0.339	0.287	0.304
漳州	0.325	0.343	0.361	0.287	0.327	0.309
南阳	0.324	0.377	0.328	0.282	0.298	0.338
九江	0.324	0.300	0.425	0.301	0.274	0.319
淄博	0.323	0.354	0.355	0.337	0.262	0.305
舟山	0.320	0.284	0.392	0.334	0.269	0.320
宁德	0.317	0.280	0.352	0.346	0.279	0.329
宜昌	0.317	0.305	0.400	0.302	0.276	0.301
襄阳	0.316	0.333	0.403	0.283	0.257	0.307
乌鲁木齐	0.314	0.267	0.341	0.346	0.279	0.339
绵阳	0.314	0.268	0.372	0.306	0.292	0.331
柳州	0.313	0.324	0.397	0.299	0.268	0.279
济宁	0.312	0.354	0.369	0.298	0.249	0.292
丽水	0.311	0.297	0.411	0.292	0.272	0.284
邯郸	0.311	0.344	0.345	0.283	0.277	0.303

续表

	CBII	文化品牌影响力指数	旅游品牌影响力指数	投资品牌影响力指数	宜居品牌影响力指数	品牌传播影响力指数
银川	0.309	0.342	0.334	0.319	0.267	0.284
西宁	0.309	0.287	0.362	0.302	0.297	0.297
临沂	0.309	0.301	0.356	0.318	0.269	0.300
呼和浩特	0.307	0.330	0.315	0.315	0.293	0.279
北海	0.305	0.299	0.388	0.254	0.279	0.306
泰安	0.304	0.317	0.368	0.304	0.230	0.300
岳阳	0.303	0.303	0.369	0.303	0.243	0.300
芜湖	0.303	0.289	0.316	0.347	0.269	0.291
日照	0.301	0.303	0.350	0.272	0.294	0.289
新乡	0.301	0.284	0.339	0.306	0.265	0.312
淮安	0.298	0.350	0.300	0.289	0.244	0.309
江门	0.298	0.296	0.315	0.308	0.261	0.312
衢州	0.298	0.312	0.372	0.278	0.277	0.251
盐城	0.298	0.295	0.300	0.314	0.288	0.293
开封	0.298	0.369	0.325	0.245	0.287	0.262
廊坊	0.296	0.306	0.304	0.310	0.260	0.302
秦皇岛	0.296	0.294	0.303	0.302	0.320	0.261
泸州	0.294	0.303	0.336	0.330	0.240	0.263
株洲	0.293	0.250	0.356	0.301	0.256	0.304
宜宾	0.293	0.302	0.361	0.285	0.248	0.270
长治	0.293	0.296	0.317	0.290	0.275	0.287
乐山	0.293	0.295	0.424	0.262	0.223	0.261
威海	0.290	0.281	0.327	0.295	0.265	0.282
安阳	0.286	0.327	0.332	0.261	0.237	0.273
鄂尔多斯	0.286	0.246	0.319	0.261	0.244	0.360
鞍山	0.286	0.249	0.323	0.300	0.264	0.293
十堰	0.286	0.247	0.420	0.246	0.254	0.263
上饶	0.284	0.247	0.437	0.244	0.257	0.237
汉中	0.284	0.301	0.352	0.254	0.250	0.264
三明	0.284	0.272	0.334	0.270	0.271	0.271

续表

	CBII	文化品牌影响力指数	旅游品牌影响力指数	投资品牌影响力指数	宜居品牌影响力指数	品牌传播影响力指数
连云港	0.283	0.259	0.341	0.316	0.233	0.266
安康	0.283	0.302	0.285	0.260	0.298	0.270
大庆	0.281	0.287	0.269	0.321	0.250	0.279
汕头	0.280	0.279	0.277	0.297	0.254	0.294
荆州	0.280	0.340	0.308	0.268	0.250	0.233
咸阳	0.279	0.297	0.315	0.295	0.218	0.269
丽江	0.278	0.292	0.388	0.213	0.289	0.207
宝鸡	0.277	0.266	0.319	0.248	0.238	0.315
包头	0.277	0.245	0.259	0.303	0.280	0.298
湘潭	0.275	0.219	0.341	0.308	0.257	0.251
衡阳	0.275	0.258	0.345	0.276	0.226	0.269
张家口	0.275	0.252	0.314	0.260	0.269	0.278
安庆	0.273	0.288	0.292	0.268	0.233	0.284
泰州	0.272	0.306	0.255	0.288	0.233	0.279
南平	0.272	0.250	0.374	0.234	0.245	0.255
承德	0.272	0.315	0.310	0.253	0.252	0.229
邢台	0.271	0.256	0.395	0.250	0.227	0.225
湛江	0.270	0.249	0.299	0.276	0.245	0.278
吉安	0.269	0.243	0.341	0.250	0.215	0.298
六安	0.268	0.253	0.313	0.239	0.222	0.314
龙岩	0.265	0.239	0.360	0.255	0.250	0.219
常德	0.264	0.234	0.350	0.258	0.234	0.243
马鞍山	0.261	0.224	0.288	0.299	0.259	0.236
景德镇	0.261	0.295	0.298	0.250	0.237	0.222
聊城	0.260	0.278	0.269	0.272	0.248	0.234
德州	0.260	0.259	0.256	0.304	0.233	0.250
沧州	0.260	0.247	0.274	0.274	0.244	0.261
天水	0.258	0.287	0.262	0.237	0.205	0.300
焦作	0.258	0.221	0.336	0.276	0.218	0.238
东营	0.257	0.251	0.260	0.275	0.223	0.279

续表

	CBII	文化品牌影响力指数	旅游品牌影响力指数	投资品牌影响力指数	宜居品牌影响力指数	品牌传播影响力指数
眉山	0.256	0.241	0.342	0.235	0.209	0.254
黄冈	0.254	0.236	0.302	0.242	0.214	0.277
信阳	0.254	0.238	0.283	0.244	0.243	0.261
莆田	0.253	0.236	0.293	0.255	0.230	0.253
肇庆	0.252	0.280	0.207	0.273	0.240	0.259
黄石	0.251	0.255	0.266	0.258	0.215	0.264
南充	0.251	0.226	0.324	0.245	0.204	0.258
商丘	0.250	0.277	0.258	0.233	0.232	0.251
榆林	0.250	0.293	0.244	0.246	0.200	0.266
郴州	0.250	0.217	0.348	0.249	0.193	0.241
张家界	0.247	0.201	0.370	0.184	0.213	0.268
衡水	0.247	0.256	0.266	0.262	0.224	0.227
晋中	0.247	0.233	0.315	0.251	0.211	0.224
渭南	0.247	0.224	0.300	0.224	0.204	0.280
蚌埠	0.246	0.226	0.246	0.285	0.221	0.255
永州	0.246	0.220	0.337	0.224	0.204	0.246
滨州	0.246	0.232	0.250	0.263	0.233	0.250
宜春	0.245	0.198	0.349	0.243	0.193	0.242
安顺	0.245	0.220	0.341	0.235	0.219	0.208
菏泽	0.244	0.249	0.274	0.247	0.209	0.240
百色	0.243	0.180	0.379	0.218	0.198	0.239
运城	0.242	0.234	0.282	0.221	0.219	0.256
梅州	0.240	0.253	0.240	0.229	0.248	0.231
宿迁	0.240	0.236	0.243	0.257	0.200	0.263
滁州	0.240	0.227	0.251	0.262	0.198	0.262
达州	0.240	0.229	0.319	0.251	0.180	0.219
潮州	0.239	0.289	0.275	0.209	0.197	0.227
清远	0.239	0.243	0.264	0.226	0.210	0.252
普洱	0.234	0.212	0.310	0.203	0.225	0.222
河源	0.234	0.237	0.241	0.223	0.234	0.233

续表

	CBII	文化品牌影响力指数	旅游品牌影响力指数	投资品牌影响力指数	宜居品牌影响力指数	品牌传播影响力指数
淮南	0.232	0.293	0.214	0.263	0.187	0.205
邵阳	0.232	0.205	0.307	0.228	0.209	0.212
广元	0.232	0.197	0.337	0.191	0.184	0.249
张掖	0.230	0.264	0.282	0.202	0.213	0.190
毕节	0.230	0.204	0.346	0.210	0.176	0.214
枣庄	0.230	0.220	0.246	0.243	0.195	0.245
齐齐哈尔	0.229	0.240	0.244	0.236	0.210	0.213
茂名	0.228	0.229	0.225	0.244	0.213	0.230
咸宁	0.228	0.201	0.312	0.225	0.175	0.224
赤峰	0.227	0.202	0.258	0.223	0.205	0.247
德阳	0.227	0.209	0.261	0.233	0.182	0.250
阜阳	0.227	0.224	0.242	0.237	0.192	0.240
来宾	0.226	0.224	0.292	0.209	0.209	0.198
怀化	0.226	0.201	0.324	0.209	0.182	0.215
临汾	0.224	0.202	0.288	0.226	0.181	0.220
雅安	0.224	0.189	0.294	0.238	0.186	0.210
自贡	0.223	0.264	0.267	0.239	0.134	0.211
玉林	0.223	0.183	0.316	0.202	0.191	0.221
曲靖	0.222	0.200	0.278	0.231	0.199	0.201
平顶山	0.221	0.190	0.299	0.220	0.207	0.191
韶关	0.221	0.202	0.245	0.236	0.201	0.221
攀枝花	0.220	0.182	0.278	0.230	0.188	0.222
广安	0.219	0.203	0.297	0.209	0.184	0.199
玉溪	0.219	0.187	0.274	0.223	0.207	0.202
抚州	0.218	0.199	0.272	0.205	0.187	0.229
白山	0.218	0.214	0.255	0.191	0.238	0.192
晋城	0.218	0.185	0.292	0.206	0.188	0.217
阳江	0.216	0.209	0.252	0.196	0.214	0.209
遂宁	0.215	0.180	0.277	0.208	0.189	0.222
四平	0.215	0.204	0.214	0.230	0.213	0.212

续表

	CBII	文化品牌影响力指数	旅游品牌影响力指数	投资品牌影响力指数	宜居品牌影响力指数	品牌传播影响力指数
孝感	0.214	0.202	0.233	0.223	0.180	0.235
宣城	0.214	0.227	0.262	0.214	0.188	0.181
益阳	0.214	0.184	0.286	0.232	0.177	0.193
铜陵	0.213	0.186	0.205	0.250	0.214	0.211
周口	0.213	0.209	0.246	0.208	0.173	0.229
内江	0.211	0.188	0.274	0.224	0.168	0.201
忻州	0.211	0.189	0.296	0.193	0.166	0.210
驻马店	0.210	0.181	0.269	0.215	0.183	0.201
铜仁	0.210	0.178	0.346	0.196	0.150	0.179
许昌	0.209	0.216	0.196	0.235	0.199	0.201
吕梁	0.209	0.186	0.271	0.202	0.197	0.188
酒泉	0.208	0.192	0.263	0.202	0.167	0.218
萍乡	0.208	0.175	0.277	0.197	0.201	0.190
濮阳	0.207	0.211	0.212	0.204	0.189	0.222
新余	0.207	0.167	0.269	0.222	0.152	0.224
宿州	0.206	0.183	0.214	0.197	0.174	0.262
娄底	0.206	0.165	0.275	0.210	0.178	0.201
通化	0.204	0.221	0.206	0.227	0.184	0.179
淮北	0.201	0.189	0.173	0.244	0.184	0.217
营口	0.201	0.167	0.266	0.244	0.154	0.174
巴中	0.201	0.186	0.297	0.184	0.151	0.186
亳州	0.201	0.237	0.228	0.190	0.173	0.175
三门峡	0.200	0.164	0.273	0.192	0.163	0.209
锦州	0.200	0.163	0.199	0.248	0.195	0.195
荆门	0.200	0.169	0.229	0.221	0.183	0.198
池州	0.199	0.169	0.307	0.190	0.168	0.162
呼伦贝尔	0.197	0.175	0.242	0.190	0.191	0.187
丹东	0.197	0.170	0.218	0.199	0.180	0.217
牡丹江	0.196	0.157	0.208	0.228	0.181	0.205
黑河	0.195	0.171	0.198	0.183	0.199	0.221

续表

	CBII	文化品牌影响力指数	旅游品牌影响力指数	投资品牌影响力指数	宜居品牌影响力指数	品牌传播影响力指数
保山	0.195	0.160	0.267	0.181	0.190	0.176
武威	0.193	0.234	0.212	0.161	0.159	0.198
通辽	0.193	0.130	0.262	0.196	0.183	0.192
揭阳	0.189	0.226	0.144	0.182	0.178	0.216
定西	0.187	0.168	0.253	0.156	0.182	0.174
钦州	0.185	0.124	0.270	0.203	0.128	0.201
昭通	0.185	0.152	0.258	0.146	0.194	0.175
阳泉	0.185	0.143	0.211	0.206	0.153	0.211
绥化	0.184	0.142	0.292	0.183	0.145	0.158
鄂州	0.183	0.161	0.153	0.204	0.153	0.245
梧州	0.183	0.153	0.282	0.191	0.127	0.162
商洛	0.182	0.147	0.252	0.177	0.145	0.190
漯河	0.181	0.167	0.159	0.185	0.174	0.222
云浮	0.180	0.162	0.243	0.167	0.153	0.175
白银	0.179	0.179	0.153	0.203	0.175	0.187
河池	0.179	0.137	0.312	0.168	0.134	0.146
六盘水	0.179	0.133	0.291	0.196	0.125	0.151
乌兰察布	0.178	0.106	0.255	0.175	0.149	0.207
汕尾	0.177	0.178	0.184	0.178	0.167	0.178
阜新	0.174	0.136	0.168	0.209	0.168	0.190
抚顺	0.174	0.172	0.125	0.233	0.167	0.174
鹤壁	0.174	0.192	0.199	0.179	0.121	0.178
随州	0.171	0.183	0.196	0.173	0.135	0.169
鹰潭	0.170	0.125	0.237	0.188	0.150	0.149
资阳	0.169	0.143	0.214	0.171	0.154	0.164
中卫	0.169	0.156	0.202	0.181	0.146	0.162
本溪	0.168	0.125	0.226	0.198	0.162	0.127
盘锦	0.168	0.132	0.206	0.190	0.156	0.154
临沧	0.164	0.129	0.231	0.168	0.168	0.124
防城港	0.163	0.118	0.242	0.169	0.121	0.166

续表

	CBII	文化品牌影响力指数	旅游品牌影响力指数	投资品牌影响力指数	宜居品牌影响力指数	品牌传播影响力指数
巴彦淖尔	0.163	0.130	0.163	0.158	0.162	0.202
贺州	0.163	0.125	0.272	0.167	0.137	0.113
平凉	0.162	0.141	0.220	0.146	0.150	0.152
铜川	0.161	0.132	0.178	0.174	0.125	0.198
庆阳	0.161	0.169	0.150	0.175	0.146	0.166
佳木斯	0.161	0.137	0.206	0.178	0.148	0.136
崇左	0.160	0.109	0.294	0.169	0.122	0.106
陇南	0.160	0.119	0.222	0.145	0.156	0.156
辽阳	0.159	0.135	0.181	0.188	0.169	0.121
固原	0.157	0.124	0.184	0.163	0.124	0.192
贵港	0.156	0.123	0.246	0.149	0.096	0.168
朔州	0.154	0.117	0.206	0.162	0.153	0.132
乌海	0.153	0.113	0.156	0.179	0.125	0.191
吴忠	0.152	0.143	0.193	0.163	0.109	0.152
嘉峪关	0.149	0.145	0.133	0.168	0.159	0.140
白城	0.147	0.111	0.160	0.168	0.163	0.135
松原	0.145	0.115	0.151	0.163	0.132	0.166
金昌	0.144	0.128	0.118	0.184	0.136	0.156
鸡西	0.142	0.127	0.159	0.153	0.128	0.141
朝阳	0.138	0.101	0.108	0.165	0.182	0.137
克拉玛依	0.136	0.105	0.136	0.180	0.147	0.110
伊春	0.134	0.093	0.150	0.133	0.124	0.168
铁岭	0.133	0.106	0.138	0.162	0.137	0.123
葫芦岛	0.132	0.096	0.170	0.165	0.110	0.119
石嘴山	0.114	0.100	0.114	0.170	0.091	0.096
辽源	0.108	0.072	0.104	0.137	0.122	0.108
鹤岗	0.101	0.108	0.040	0.123	0.109	0.126
双鸭山	0.095	0.076	0.080	0.140	0.116	0.064
七台河	0.071	0.035	0.066	0.123	0.089	0.043

注：所有指数得分及排名仅为笔者指数实证研究的一家之言，非官方评价，仅供读者参考。

参考文献

陈晓东，2021，《构建区域经济发展新格局的若干重大问题》，《区域经济评论》第 4 期。

程恩富、张峰，2021，《"双循环"新发展格局的政治经济学分析》，《求索》第 1 期。

董志勇、李成明，2020，《国内国际双循环新发展格局：历史溯源、逻辑阐释与政策导向》，《中共中央党校（国家行政学院）学报》第 5 期。

方创琳，2021，《新发展格局下的中国城市群与都市圈建设》，《经济地理》第 4 期。

冯志轩，2012，《国民收入中劳动报酬占比测算理论基础和方法的讨论——基于马克思主义经济学的方法》，《经济学家》第 3 期。

葛扬、尹紫翔，2021，《我国构建"双循环"新发展格局的理论分析》，《经济问题》第 4 期。

顾佰和、石彪、孔令斯，2021，《我国经济高质量内循环发展建议——基于 DIIS 理论方法》，《科技促进发展》第 6 期。

郭晴，2020，《"双循环"新发展格局的现实逻辑与实现路径》，《求索》第 6 期。

贺灿飞、王文宇、朱晟君，2021，《"双循环"新发展格局下中国产业空间布局优化》，《区域经济评论》第 4 期。

洪银兴、杨玉珍，2021，《构建新发展格局的路径研究》，《经济学家》第 3 期。

胡磊，2021，《社会再生产视域下我国构建新发展格局的本质与路径》，《理论导刊》第 9 期。

黄群慧，2021，《"双循环"新发展格局：深刻内涵、时代背景与形成建议》，《北京工业大学学报》（社会科学版）第 1 期。

黄群慧，2021，《新发展格局的理论逻辑、战略内涵与政策体系——基于经济现代化的视角》，《经济研究》第 4 期。

江小涓、孟丽君，2021，《内循环为主、外循环赋能与更高水平双循环——国际经验与中国实践》，《管理世界》第 1 期。

焦方义、张东超，2021，《新型城镇化构建"双循环"新发展格局的机制与路径》，《新疆大学学报》（哲学·人文社会科学版）第 4 期。

金碚，2021，《构建双循环新发展格局开启中国经济新征程》，《区域经济评论》第 1 期。

李帮喜等，2021，《价值循环、经济结构与新发展格局：一个政治经济学的理论框架与国际比较》，《经济研究》第 5 期。

李雪、刘传江，2021，《新冠疫情下中国产业链的风险、重构及现代化》，《经济评论》第 4 期。

刘瑞翔、安同良，2011，《中国经济增长的动力来源与转换展望——基于最终需求角度的分析》，《经济研究》第 7 期。

刘世锦，2011，《从增长阶段理解发展方式转型》，《经济研究》第 10 期。

马建堂、赵昌文，2020，《更加自觉地用新发展格局理论指导新发展阶段经济工作》，《管理世界》第 11 期。

裴长洪、彭磊，2006，《对外贸易依存度与现阶段我国贸易战略调整》，《财贸经济》第 4 期。

彭小兵、韦冬萍，2020，《激活民间社会活力："双循环"新发展格局的缘起、基础和治理》，《重庆大学学报》（社会科学版）第 6 期。

蒲清平、杨聪林，2020，《构建"双循环"新发展格局的现实逻辑、实施路径与时代价值》，《重庆大学学报》（社会科学版）第 6 期。

沈国兵，2021，《疫情全球蔓延下推动国内国际双循环促进经贸发展的困境及纾解举措》，《重庆大学学报》（社会科学版）第 1 期。

沈坤荣、赵倩，2020，《以双循环新发展格局推动"十四五"时期经济高质量发展》，《经济纵横》第 10 期。

盛朝迅，2021，《新发展格局下推动产业链供应链安全稳定发展的思路与策略》，《改革》第 2 期。

汤铎铎等，2020，《全球经济大变局、中国潜在增长率与后疫情时期高质量发展》，《经济研究》第 8 期。

王一鸣，2020，《百年大变局、高质量发展与构建新发展格局》，《管理世界》第 12 期。

卫兴华、侯为民，2007，《中国经济增长方式的选择与转换途径》，《经济研究》第 7 期。

吴晓妹、龚晓莺，2021，《"三新"背景下双循环新发展格局构建的现实逻辑与实践路径》，《江淮论坛》第 4 期。

徐奇渊，2020，《双循环新发展格局：如何理解和构建》，《金融论坛》第 9 期。

徐志向、丁任重、张敏，2021，《马克思社会再生产理论视阈下中国经济"双循环"新发展格局研究》，《政治经济学评论》第 5 期。

姚树洁、房景，2020，《"双循环"发展战略的内在逻辑和理论机制研究》，《重庆大学学报》（社会科学版）第 6 期。

张可云等，2021，《双循环新发展格局与区域经济发展》，《区域经济评论》第 1 期。

后　　记

本书是课题组的第八部城市营销与品牌化专题研究成果。自 2009 年开始，课题组出版第一部《中国城市营销发展报告》并推出城市营销发展指数（CMI），2016 年起将 CMI 调整为城市品牌发展指数（CBDI），截至 2020 年已连续发布了 5 次城市品牌发展指数（CBDI）年度报告。为适应国内城市品牌化发展的特点和需要，从 2021 年起我们将指数名称调整为城市品牌影响力指数（City Brand Influence Index，CBII），以更好地勾勒国家新型城镇化背景下中国城市品牌和区域品牌的发展状况，从不同角度揭示各城市、各地区在品牌化进程中的优势与潜力、问题和不足，以为中国城市及区域进一步提升品牌建设绩效、助力构建新发展格局提供参考。

本书得到来自领导、同仁的大力支持。感谢中国社会科学院财经战略研究院院长何德旭研究员，他为本书提供了宝贵的支持和指导。感谢中国社会科学院城市与竞争力研究中心主任倪鹏飞研究员对本书给予的数据支持和方法指导。感谢中国人民大学中国市场营销研究中心主任郭国庆教授对本书的关心和指导。中国社会科学院大学博士研究生胡纯同学及硕士研究生李贵阳、张相宜、张莹同学，浙江大学传媒与国际文化学院硕士研究生涂云鹏、杨瑞鸽同学，以及山东大学管理学院旅游管理专业硕士研究生李洁、路丽君同学，北京林业大学管理学院常皓媛、孙芊玥同学，首都科技发展战略研究院研究员刘杨、孙超奇、葛畅，他们在本书的数据收集、整理与分析方面提供了很多协助和支持！感谢中国社会科学出版社副总编辑王茵、智库成果出版中心主持工作副主任喻苗、责任编辑周佳为本书的出版提供了大量宝贵的支持，在此表达衷心的感谢！

  本书框架由课题组共同商定，内容写作共同承担。由于笔者学识的局限，研究可能存在很多不足和错讹，诚望读者多给予批评和指正！

刘彦平 中国人民大学管理学博士，中国社会科学院金融学博士后，美国明尼苏达大学访问学者。中国社会科学院财经战略研究院城市与房地产经济研究室主任、研究员，主要致力于城市营销、城市品牌、城市治理及创新发展等方面的研究。兼中国社会科学院城市与竞争力研究中心副主任，中国人民大学中国市场营销研究中心副主任、教授，中国商业史学会品牌专业委员会副主任，中国社会科学院旅游研究中心特约研究员，首都科技发展战略研究院特约研究员，人民日报社区域协同发展智库专家委员、中国城市经济学会理事、北京旅游学会理事等。出版专著及研究报告十余部，主持、参与国家级科研课题及地方政府委托课题30多项，发表学术论文50多篇。

何春晖 浙江大学传媒与国际文化学院策略传播系主任，浙江大学经济与文化研究中心执行主任，浙大公共外交与战略传播研究中心副主任。中国公关学会（PRSC）副会长，中国国际公共关系协会学术委员。兼任复旦大学信息与传播研究中心特聘研究员，浙江省形象设计协会副会长，杭州市城市品牌促进会副会长等。曾为意大利特伦托大学访问学者。出版相关教材及专著多部，主持政府和企业的品牌传播战略规划等项目40余项。主要研究方向为公共关系学、品牌传播管理、城市形象（品牌）传播管理等。

许峰 北京大学经济学博士，芬兰赫尔辛基商学院博士后，加拿大政府研究专项奖获得者，美国南卡罗来纳大学访问学者，入选文化和旅游部优秀专家、国家首批旅游业青年专家培养计划和山东精品旅游产业智库，获评山东省旅游业中青年专家，担任中国区域科学协会理事、山东省服务业标准化技术委员会委员、山东省旅游商品专家委员会委员、山东省森林风景旅游资源评价委员会委员。现为山东大学管理学院教授、博士生导师，研究生院培养办公室主任，主要研究领域为旅游开发与规划、城市与区域经济、战略管理与营销、品牌经济与管理等。承担和参与国家及省部级以上科研项目十余项，发表学术论著60余篇，完成近30项服务社会和地方的研究课题。

赵峥 北京师范大学经济学博士。国务院发展研究中心公共管理与人力资源研究所综合研究室副主任、研究员。担任首都科技发展战略研究院副院长、中国城市经济学会学科建设委员会专家委员、中国商业史学会理事、中国科技指标研究会理事、中国社会科学院城市与竞争力研究中心特约研究员、旅游研究中心特约研究员、中欧政策对话支持项目中方专家。主编《亚太城市绿色发展报告》（中英文版），出版《中国城市化与金融支持》《绿色发展与绿色金融》《中国城市科技创新发展报告》《产业升级与国家竞争优势》等著作十余部，在国家各类核心期刊发表学术论文70余篇。主持国务院发展研究中心、国家统计局、国家发改委、生态环境部、工信部、北京市、成都市、西安市、深圳市等委托研究课题数十项，并为多地政府编制区域和城市发展战略规划或开展决策咨询。主要研究领域：城市化、区域与城市治理、绿色发展与创新战略。